後藤 昭 ＝著

Goto,Akira

伝聞法則に
強くなる

［第2版］

Mastering
the Hearsay Rule

日本評論社

第2版へのはしがき

　初版は、幸い多くの読者を得た。読者は、司法試験を目指す学習者だけではなく、すでに実務に就いている人々も含む。読者の期待に応えるためにも、できるだけ内容が古くならないようにしたい。

　改訂の主な目的は、2023年の刑訴法改正が新設した司法面接の記録の伝聞例外規定の解説を加えることと、最近までの司法試験の出題に言及することである。そのほか、幾つかの部分で記述を補い、引用文献をできるだけ参照しやすいものに更新した。

　最近の刑訴学界では、伝聞法則に対する関心が高まっているように見える。さらに、伝聞法則の意味を再確認することを通じて、できるだけ学習者にわかりやすく説明しようとする努力も広がっている（笹倉宏紀ほか『事例から考える刑事証拠法』〔有斐閣、2021年〕、濵田毅「非伝聞の許容性と『要証事実』」同志社法学72巻7号〔2021年〕315頁以下、K-Ben NextGen「伝聞法則を極めるゼミ」https://k-ben-nextgen.com/youtube/ など）。本書が、このような傾向への呼び水の一つとなったとすれば、嬉しいことである。

　この改訂でも助けていただいた日本評論社の柴田英輔氏に感謝する。

2023年11月

後藤　昭

初版はしがき

　本書は、法学セミナー 759 号から 770 号まで連載した「伝聞法則に強くなる」に加筆してまとめたものである。単行本化するに当たって、もっと専門書らしい書名にした方が良いと助言してくれた同僚研究者もいる。しかし、本書の最大の目的は、伝聞法則の理解に不安を持つ人々に自信を持ってもらうことにある。その目的を分かりやすく表すために、連載の題名をそのまま書名とした。

　本書は、刑事訴訟法の学習者のために、伝聞法則をできるだけ分かりやすく解説する。そのために常に条文から出発して、概念を厳密に定義する。章立ては、原則として条文の順序に従う。私の経験に照らして学習者が陥りやすい誤解を指摘して、注意を喚起する。また、頻繁に例題を示して、理解を確認する。読者は例題の答えを見る前に、立ち止まって頭の中で答えを考えてみてほしい。そのような試行錯誤を通じて、確かな理解に達することができるはずである。設例はすべて架空の事例であり、判例を基にする場合も事実を少し変えている。司法試験を目指す人の参考になるように、司法試験の出題例も少し形を変えて例題に取り込んでいる。巻末に司法試験出題と例題の対応表を示す。

　ただし、解説の水準は、初歩的なところに止まらない。検討は、かなり踏み込んだ高度なものとなる。それは、限界事例も含めて論理を突き詰めて考えることによって、初めて法則の意味を正確に理解できるからである。手っ取り早く合格答案の書き方を憶えたいという読者は、本書の解説を回りくどい、あるいは詳しすぎると感じるかもしれない。難しい問題を自分が納得するまで考えようとする探求心のある読者を本書は想定している。そのような姿勢の読者は、本書の解説によって伝聞法則の理解を再確認するとともに、本書の所々に他の文献にはない独自な観点が現れているのを発見して興味を深めるかもしれない。そうして、読者が試験でも法廷でも、自信を持って伝

聞法則の適用を論じられるようになることを目指す。

　連載と単行本化に当たっては、日本評論社編集部の柴田英輔氏と上村真勝氏にご尽力をいただいた。両氏に深く感謝する。

　なお、本書の内容は、科研費「誤判原因のシステム論的分析と誤判対策」（18H0081、研究代表者青木孝之）による成果を含んでいる。

2019 年 7 月

後藤　昭

目次

凡例

[法令]

＊法令の略称は、以下のとおりとする。

刑訴規則	刑事訴訟法規則
刑訴法	刑事訴訟法
憲法	日本国憲法
道交法	道路交通法

[判例・裁判例]

＊日本の判例については、学習者の便宜を考えて元号表記にしたほか、一般の例にならい以下のように略記した。

例：最決平 23・9・14 刑集 65 巻 6 号 949 頁

＊裁判所名、掲載判例集は、以下のように略記した。

最判(決)	最高裁判所判決(決定)
高判(決)	高等裁判所判決(決定)
地判(決)	地方裁判所判決(決定)
刑集	最高裁判所刑事判例集
高刑集	高等裁判所刑事判例集
高刑速	高等裁判所刑事判決速報集
高刑特	高等裁判所刑事判決特報
東高刑時報	東京高等裁判所判決時報（刑事）
下刑集	下級裁判所刑事裁判例集
判時	判例時報
判タ	判例タイムズ
LEX/DB	LEX／DB インターネット

＊有名な判例または裁判例については、出典の後に（　　）で事件名を表記した。

序章

伝聞法則を学ぶ意味

　刑事訴訟法を学ぶ人々にとって、伝聞法則の理解は最大の難関である。伝聞証拠の概念自体が難しい。体系書での説明も著者によって異なるので、学習者は戸惑うだろう。証拠は、裁判官あるいは裁判員が事実を認定するための情報源である。ある情報が伝聞証拠になるかどうかは、その情報を使う目的によって異なる。しかし、実際の裁判の経験がないと、その情報を事実認定の過程でどのように使うのか想像することが難しい場面がある。しかも、その上に複雑な伝聞例外のルールがある。

　他方で、裁判員裁判の導入以後、直接主義、口頭主義が強調され、実務は伝聞証拠禁止原則を尊重する方向へ動いている。刑事の法廷で活躍しようとする人々にとって、伝聞法則の適用を自信をもって議論できることが必要条件となる。司法試験でもしばしば伝聞法則に関わる問題が登場する。法科大学院の学内試験でも司法試験でも、伝聞法則の適用を自信を持って答えられないと、確実な好成績は望めない。伝聞法則は、時間をかけて習熟する価値のある主題である。

　本書は、伝聞法則に特化した解説となる。そのため、証拠法の基本的な知識を丁寧に説明することはできない。証拠能力と証明力の区別、関連性の概念、厳格な証明と自由な証明の区別、主要事実・間接事実・補助事実の区別、実質証拠と補助証拠の区別、直接証拠と情況証拠の区別、実務的な証拠採用の手順などについては、体系書や参考書で確認していただきたい。それに対して、供述証拠と非供述証拠の区別は、伝聞法則を理解する前提なので、丁寧に説明する。また、例題の中には、関連性、自白法則、補強法則、排除法則など伝聞法則以外の刑事証拠法の問題点についても意識を喚起するものがある。

第1章

伝聞証拠とは何か

1 | 条文を読む

　現行刑訴法に伝聞証拠という語はない。伝聞証拠とは、刑訴法320条1項が原則として禁止する証拠を指す学説および実務上の概念である。現行法の制定過程からみて、この条文がアメリカ法の伝聞法則を基にしていることは明かであるから、このような用語法には理由がある。

　同項は、「第321条乃至第328条に規定する場合を除いては、公判期日における供述に代えて書面を証拠とし、又は公判期日外における他の者の供述を内容とする供述を証拠とすることはできない。」と定める。この条文が原則として禁止するのは、①公判期日における供述に代えて書面を証拠とすること、および②公判期日における供述に代えて公判期日外における他の者の供述を内容とする供述を証拠とすること、の2つである。前者①は、以前に法廷外で作成された供述を内容とする書面を法廷に提出しようとする場面である。後者②は、W1 から聞いた話を W2 が法廷で供述しようとする場面である[1]。①を供述代用書面、②を伝聞供述と呼ぶのが便利である。①と②はいずれも、公判期日外で生じた供述を証拠としようとする場面である。以下では、公判期日における供述を公判供述、それ以外の供述を公判外供述と呼ぶことにする[2]。そうすると、禁止の対象となる伝聞証拠とは、公判供述の代わりに証拠とされる公判外供述であると表現できる。

---

[1]　法廷で供述する者が自分自身の以前の発言を引用する供述が伝聞証拠になるかどうかは、日本の伝聞法則中の難問の1つである。これについては、後に伝聞供述の扱いを考える場面で触れる（148頁）。

そこで、伝聞証拠の意味を確定するためには、まず「供述」とは何かを確定する必要がある。その上で、さらに「公判供述の代わりに証拠とする」とは何かを確定できれば、伝聞証拠を定義できる。

2 供述とは何か

[1] 供述となる発言

供述とは、人がある事実の存否という情報を伝えようとする言語的な表現である。たとえば、派出所に駆け込んだ V が、そこにいた警察官に対して「今しがた、駅前でハンドバッグをひったくられた」と訴えたとする。これは、自分がひったくりの被害に遭ったという事実を伝えるための表現であり、典型的な供述である。それに対して、人の言葉でも、事実の存否を述べていないものは、供述ではない。たとえば、V に対応した警察官は「犯人はどんな人か憶えていますか？」と尋ねる。この発言は、相手にさらなる供述を促すために質問するという言語による行動であって、それ自体は事実の存否を語っていないから、供述ではない。供述者が情報を伝えようとする相手は、日記帳のように自分自身であってもよいし、web ページ上の投稿のように不特定の誰かであってもよい。

供述は、定言命題の形をとるとは限らない。たとえば、「この店の前に駐まっている赤い車は、あなたの車か？」という問いは、暗黙の裡に、店の前に赤い車が駐まっているという事実を伝える供述になる。

【例題 1】〇月×日の朝、A と B が顔を合わせた。A は B に「おはよう」といった。B は「おはよう。けさ僕は寝坊したので、朝食を食べていないんだ」と答えた。これらの発言は、供述か？

【答え】A の発言は、挨拶するという行動であって、供述ではない。B の発言は一定の事実があることを A に伝えようとする表現だから、供述である。

【例題 2】A は JR 東京駅八重洲口の指定券売り場で、「新大阪まで、いちばん早いのぞみの指定券を下さい」と申し出て、切符を購入した。A の発言は供述か？

---

2) 法廷供述、法廷外供述と呼んで区別してもよい。ただし、経験上、法定供述とする誤記が多いので、ここでは公判供述と呼ぶ。

【答え】Ａの発言は、切符の購入を申し込むという行動であって、事実の存否を伝えようとする表現ではないから、供述ではない。ただし、このような発言を内心の希望あるいは計画を語る供述と理解する論者もありうる。しかし、相手方である切符売り場の駅員にとって、Ａが内心で何を思っているかは問題ではないので、このような発言を事実の存否の伝達とみる必要はない。

[2] 供述の３形態

　供述は、大きく分けると３種の形態で行われる。第１は声による表現すなわち音声言語である。第２は文字による表現すなわち書面である。第３は一定の事実の存否を伝える目的で言語に代えて行われる動作である[3]。たとえば、Ｗが、警察官から「あなたがそのとき見た人がこの中にいれば、指さしてください」と求められてＸを指さすのは、「この人を見ました」という音声言語と同じ機能をもつから、供述である。同様に、法廷で被告人が弁護人から、「そのときのあなたの姿勢をやって見せてください」と言われて再現してみせるもの、供述である。手話は、音声言語の代替手段として高度に記号化されているので、この分類では音声言語の一種と見做すことができる。

　人の行動が一定の事実の存在を推測させる根拠となっても、事実の伝達を意図して行うのでない限り、供述ではない。たとえば、Ｗは駅のホームに上がるエスカレーターに乗った。その時、エスカレーターの上の方にいた数人が駆け上がって行くのを見た。Ｗはそれを見て、ホームに電車が入っているのだと思った。この場合、エスカレーターを駆け上がるという彼らの行動は、供述ではない。同じように、喫茶店内から外を眺めていたＡは、歩行者たちが傘をさすのを見て、雨が降り始めたと知った。この場合、傘をさすという人々の行動は、供述ではない。それに対して、ＡとＢが打ち合わせて、「Ｂが通りに立ち、Ｘがそこに現れたら傘をさす」と決めていた場合、

---

3)　本書での「供述」の定義は、アメリカ合衆国連邦証拠規則 801 条(a)項の statement の定義と同じである。連邦証拠規則は、連邦裁判所での事実審理に関する規則であり、米国の代表的な証拠法典である。連邦証拠規則のいう「供述」の意味について、詳しくは緑大輔「アメリカの刑事手続上の公判外供述（1）」法律時報 94 巻 10 号（2022 年）103-106 頁参照。

傘をさすという B の動作は供述である。

【例題 3】司法警察員 K は、X が V を扼殺したという疑いをもった。X は、取調べに対して自白した。そこで K は、X に「この人形を V と思って、あなたがやったとおりにして見せてくれ」と求めた。X が人形の首を両手で絞める動作をしたので、K はこれをビデオ撮影した。このビデオは X の供述の記録か？

【答え】X は、言葉で説明する代わりに再現行動をして見せた。これは動作による供述だから、ビデオは X の供述の記録である。

[3] 供述の必要性と危険性

　目撃者の証言も、鑑定人が述べる鑑定意見も、被告人の自白も供述である。刑事裁判において、供述を使わずに事実を認定することは、実際上不可能である。供述は、すべての事件において、重要な証拠となる。凶器や薬物のような物証でも、その関連性を確認するためには供述が必要である。

　しかし同時に、供述を証拠とすることには特有の危険が伴う。それは、供述が生成する過程を考えれば分かる。人は、知覚を通して事実を観察する。その事実を記憶し、後に外からの何らかの刺激に応じてそれを語る、すなわち叙述する。しかし、そもそも供述の基になる人の観察にはしばしば誤りがあって、見間違い、聞き間違いなどが生じる。そして、人の記憶は多くの場合時とともに希薄となり、あるいは変容する。事後に得た情報と自分が体験した事実とを無意識に混同することもしばしばある。さらに、人が事実を語るとき、正直に語るとは限らない。いろいろな動機によって故意に嘘を語ることもある。あるいは本人は善意であっても、表現が適切でないために、聞いた人に誤解を与えることもある[4]。それにも拘わらず、「この人がそう言っているのだから本当だろう」と私たちは考えやすい。そこから、誤った事実の認定が生じるおそれがある。実際、日本でも外国でも、事実認定者が誤った供述を信じてしまうことは、誤判の主要な原因である。

　伝聞法則が供述の利用について特別なルールを設けるのは、このような供述の危険性の認識に由来する。

---

4)　供述のもつ危うさは、法と心理学の主要な研究主題の 1 つである。高木光太郎『証言の心理学』（中公新書、2006 年）参照。

3 | 供述証拠という概念

次に「公判供述に代えて使う」という意味を考える。そのために、まず公判期日での供述が証拠となる典型例として、目撃証言を考える。証人Ｗは、法廷で検察官の尋問に答えて、「私は、被告人ＸがＶを刺すところを見ました」と証言したとする。検察官の期待は、裁判官あるいは裁判員が直観的に次のような推論をすることである。ＷはＸの犯行を見たと述べた→ＷはＸの本件犯行を見たのだろう→Ｘが犯人だろう。ここには、Ｗが○○と語ったのだから、○○の事実があったのだろうという推論が働いている。同じように、法廷で被告人Ｘが、「たしかに、私はＶを刺しました」と自白したとする。事実認定者は、そこから、Ｘ自身が認めているのだから、Ｘが犯人だろうと推論することが多い。このように公判供述を証拠とする典型的な目的は、その供述内容どおりの事実の存否を推認することである。

そこで、このような使い方をされる供述を「供述証拠」と呼ぶことにする。つまり、その供述が述べる内容どおりの事実の存否を推認するために使われる供述が「供述証拠」である。

後に例を挙げて確かめるとおり、供述を証拠として利用する場面は、このような「供述証拠」としての利用には限られない。だから、証拠となる供述＝供述証拠ではない。証拠となる供述でも、「供述証拠」として利用されるのでなければ、非供述証拠である。諸文献には、「供述証拠」の概念を必ずしも厳密に定義しないまま使う例がある。それが伝聞法則の理解を難しくしている。そうではなく、「供述証拠」の概念を厳密に定義して使うことが、伝聞法則を理解するための鍵である。

【例題4】被告人Ｘは、Ｖに対してＡ社がまもなく画期的な新商品を発表するので株価が急騰するのは間違いないという嘘の話を持ちかけて、株式購入の資金として1,000万円を騙し取ったという詐欺の訴因で起訴された。検察官は、ＸがＶ宛てに送信した電子メールの写しを証拠調べ請求した。そのメールには「Ａ社の幹部に私の知り合いがいます。その人から、Ａ社はまもなく画期的なゲームの発売を発表するという情報を得ました。そのとき株価が急騰するのは間違ありません。今のうちに株を買うことをお勧めします。」と書いてある。このメールは供述か、さらに供述証拠か？

【答え】このメールは、「Ａ社が間もなく画期的なゲームを発売する」という

事実の存在を伝えようとしているので、Xの供述である。しかし、検察官がこのメールから、本当にA社に画期的なゲームの発売を発表する予定があったという推論を期待しているはずはない。だから、供述証拠ではない。

上で見た供述の危険性が典型的に現れるのも、「供述証拠」として利用する場面である。つまり、実は不確かな供述であるのに真実を正確に語る供述だと受けとって、供述どおりの事実を推認することによって、事実誤認が生じる。供述証拠は、語られた内容の事実に対しては、直接証拠である[5]。それだけに、信用されやすい。そのため、供述者に法廷で供述してもらって、供述の信頼性を直接に確かめないと、証明力を過大評価するおそれがある。

そうすると、条文のいう「公判期日における供述に代えて……証拠とする」とは、供述証拠として利用することであると理解できる。公判外供述が伝聞証拠になるのは、それが供述証拠として使われる場合だけである。そこで、伝聞証拠とは、公判外供述を供述証拠として利用するものである、と定義できる。もう少し丁寧にいえば、公判期日外で生じた供述をその供述内容どおりの事実の存否を推認するために使うのが、伝聞証拠である[6]。

供述証拠の定義から、ある供述が供述証拠になるか否かは、その供述という情報から何を推認しようとするかによって決まる。そのために要証事実という概念が重要となる。

4 ｜ 立証趣旨と要証事実

しばしば、伝聞証拠になるかどうかは、立証趣旨ないし要証事実との関係で決まる、と説明される。それは自体は、正しい説明である。それを理解するために、立証趣旨と要証事実の概念を理解する必要がある。

立証趣旨と要証事実は、いずれも特定の証拠によって明らかにしようとす

---

5) この直接証拠とは、その情報が信頼できると仮定した場合、要証事実の存否が論理必然的に確定できる証拠という意味である。

6) この定義は、連邦証拠規則801条(c)項のhearsayの定義と実質的に同じである。ただし、連邦証拠規則が供述の定義から一足跳びに伝聞の定義を導くのに対して、本書の定義はその間に供述証拠の概念を挟むことによって、3段階で定義を導く。そのように説明する理由は、定義の形成過程を一段ずつ昇る方が分かりやすいこと、および供述証拠の概念自体に汎用性があって有益であることによる。

る事実を指している。その限りでは、この2つの概念には互換性があり、立証趣旨＝要証事実と理解できる場面もある。

　しかし、厳密には、この2つの用語は異なる含意をもつ。まず、立証趣旨は、証拠調べを請求する当事者が示す、証拠請求の目的である。刑訴規則189条1項にいう「証明すべき事実」がそれに当たる。それに対して、要証事実は、事実認定者がその証拠から推認する、当該事件の解決に有用な事実である。このように2つの用語は、視点を異にする。

　次に、立証趣旨よりも要証事実の方が、より具体化された事実である場合が多い。実務上、当事者は、ふつう証拠等関係カードを提出して証拠調べを請求する。証拠等関係カードの「立証趣旨」欄は小さい。実際の立証趣旨は、例えば、「現場の状況」、「被害状況」、「犯行の目撃状況」など、かなり抽象的に示すことが多い。それに対して、要証事実は、たとえば「被告人が被害者の腹をナイフで刺したこと」のように、具体的な事実である。

　要証事実という概念を使うと、供述証拠とは、供述内容どおりの事実の存否を要証事実とする利用方法であると表現できる。供述内容に従った事実の存否が要証事実であれば、その供述は供述証拠となり、要証事実がそれ以外のものであれば非供述証拠となる。そのため、公判外供述は、要証事実の如何によって、伝聞証拠になる場合とならない場合に分かれる。

【例題5】被告人Ｘは、自分が発行する新聞紙上に、楽園市のＡ市長は、市職員の採用に関して応募者の親たちから賄賂を受け取ったという事実を摘示する記事を発表した。Ａはこれを名誉毀損として告訴し、検察官はＸを起訴した。Ｘの弁護人は、摘示事実は真実であり、仮にその証明が不十分でもＸには、それを真実と信じる相当な根拠があったので、刑法230条の2第3項に拠り無罪であると主張した。弁護側証人Ｗ1は、法廷で次のような証言をした。「私は、楽園市役所の人事課職員Ｗ2から『誰とはいえないが、息子を市役所に入れたい親3人が、Ａ市長にそれぞれ現金50万円を渡した』という話を聞きました。それをＸに情報として伝えました。」検察官は、これに対して「異議あり。伝聞供述です。」と述べた。Ｗ1証言中、下線部分は伝聞証拠か？

【答え】それは、要証事実が何かによって異なる。もし弁護人がこの証言から、記事の内容が真実であるという認定を期待するなら、Ｗ2の発言は供述証拠となるので伝聞証拠となる。それに対して、弁護人がこの証言によって、

Xが摘示事実を真実と考えた理由あるいはA市長の収賄疑惑について取材を始めたきっかけを示したいのであれば、W2の発言は供述証拠ではない。その場合は、伝聞証拠にはならない。念のために付け加えれば、いずれの場合もW1の証言が供述証拠であることは変わらない。それを前提に、W1証言中に現れるW2の発言が供述証拠かどうかによって、W1証言が伝聞供述になるかどうかが決まるという構造を理解することが重要である。

例題5は、名誉毀損罪に関する有名な判例、最大判昭44・6・25刑集23巻7号975頁（夕刊和歌山時事事件）に現れる事例を基にする。以前の判例は、摘示事実の真実性が証明できない限り、真実と信じたという弁解はおよそ免責の理由にならないとしていた。この判例はそれを改めて、確実な根拠に照らして真実と信じる相当な理由があったのなら免責されるとした。そのために、原審と上告審では要証事実のとらえ方が変わった。この判例は、同じく他人の供述を含む証言でも、要証事実のとらえ方によって伝聞証拠になったりならなかったりすることを確認した実例として重要である。また、刑法解釈の判例が変わることに連動して、証拠能力の判断が変わることを示した事例としても興味深い[7]。

5 | 要証事実の確定

[1] 立証趣旨から要証事実を知る

このように、公判外供述を内容とする証拠が伝聞証拠かどうかを判別するためには、要証事実を想定しなければならない。要証事実を想定する手がかりは、立証趣旨である。刑事訴訟でも、立証趣旨に拘束力はないと言われる。しかし、証拠能力の有無が立証趣旨によって変わる場面では、原則として証拠請求する当事者が示す立証趣旨を基準として、証拠能力の有無を判断せざるをえない。それは当事者主義という訴訟構造にも合致する。伝聞証拠かどうかを判断するのも、そのような場面の1つである。

単純な事例では、請求当事者の示す立証趣旨をそのまま要証事実と理解す

---

7) ただし、このような被告人にとって又聞きの情報が、摘示事実を真実であると信じる「確実な根拠」になるかどうかは、別問題である。最高裁は、それだけでは十分ではないとしても、根拠の1つになりうると考えたのであろう。

れば足りる。たとえば、覚醒剤所持の事件で、検察官が立証趣旨を「押収物が覚醒剤であること」として鑑定書の証拠調べを請求したら、被告人から押収した証拠物の化学組成が覚醒剤に当たることが要証事実であるのは自明である。

　立証趣旨が抽象的な場合は、要証事実を具体化して捉える必要がある。また、尋問に対して証人は多様な事実を答えるので、厳密には、証人の１つひとつの答え毎に、固有な要証事実が生じる。

【例題6】検察官は、XをVに対する強盗の訴因について起訴した。そして、「被害状況」という立証趣旨で、Vの供述調書の証拠調べを請求した。この調書の要証事実は何か？

【答え】Vが供述したとおりの強盗の被害に遭ったことが、要証事実である。

【例題7】例題6の事件で、弁護人はV供述調書の請求に「不同意」の意見を述べた。検察官は同じ立証趣旨でVの証人尋問を請求し、裁判所はこれを採用した。公判期日に尋問を受けたVは、「被告人は、私の胸元にナイフを突きつけて、『おれは殺人の前科3犯だ。死にたくなかったら、おとなしく金を出せ』と言いました」と証言した。この証言の要証事実は何か？　また、この証言は伝聞証拠か？

【答え】要証事実は、XがVに対する強盗の手段としてそのような脅迫をしたことである。Xが自分の前科を語る発言は供述ではある。しかし、Xに殺人の前科があることはここでの要証事実ではない。したがって、Vの証言に現れるXの発言は供述証拠ではない。だから、Vの証言は伝聞証拠ではない。

【例題8】被告人Xは、V宅での強盗の訴因について起訴された。検察官は「現場の状況」という立証趣旨で司法警察員K作成の実況見分調書の証拠調べを求めた。この調書の要証事実は何か？

【答え】要証事実をまとめていえば、V宅の状況が、Kが観察して実況見分調書に表現したとおりであったという事実である。より具体的には、間取りが図面のとおりであること、勝手口の鍵が壊されていたこと、図面に示されたとおり勝手口からリビングまで土足の足跡が続いていたこと……等々が要証事実となる。

[2] 事件の争点に遡って要証事実を想定するべき場合

　請求当事者が示す立証趣旨だけからは、要証事実が何かが直ちに分からない場面もある。その場合には、その事件の争点に遡って考えて、請求当事者がその証拠からどんな推論を期待するのかを想像しなければ、要証事実が特定できない。

【例題9】被告人Xは、自宅でみだりに、覚醒剤5グラムを所持したという訴因について起訴された。Xの自宅から押収された白色粉末が覚醒剤であることは証明されている。しかし、Xは、それは自分が保管していた物ではなく、誰かが密かに置いた物だと主張している。検察官は、Xの女友達Wの日記帳の証拠調べを請求した。立証趣旨は、「Wが○年×月△日にX方で覚醒剤を発見してXと会話した状況」だという。Wの日記帳の○年×月△日の欄には、「Xの箪笥の引き出しの中に、白い粉が入ったビニール袋があるのを見つけた。Xは私からその袋を取り上げて、『これは疲れたときに使うために持っている覚醒剤だ。誰にも言うな。』といった。私は、恐くなった。」という記載がある。この日記帳の要証事実は何か？

【答え】この事件では、X宅に覚醒剤があったという客観的事実は明らかで、争点はXがそれを意識的に所持していたかどうかにある。そうすると、Wの見つけた白い粉について、Xがそれは自分が持っている覚醒剤だと語ったという事実が重要なので、それが第1段階の要証事実になる。さらに、その覚醒剤をXは意識的に所持していたという事実が、第2段階の要証事実となる。

　例題9は、平成20年司法試験の設例を単純にしたものである。このような事例では、証拠請求者がいう立証趣旨を争点に照らして解釈して、要証事実を特定する思考過程が必要になる。またこの事例のように、日記というWの供述の中に他者Xの供述が出てくる場合は、要証事実を段階分けして分析すると分かりやすい。

[3] 立証趣旨を実質的に解釈して要証事実を想定するべき場合

　事例によっては、証拠調べ請求をする当事者が示す立証趣旨を文字通りに理解すると、争点に照らして意味がないことがある。そのような場合は、立証趣旨を実質的に解釈して、その事件の解決に役に立つ要証事実は何かを考える必要がある。

【例題10】Xは、電車の中でVに対して痴漢行為をしたという迷惑防止条例違反の訴因について起訴され、事実を否認している。被害者とされるVが、警察署内でベンチを電車の椅子に見立て、婦人警察官を犯人役として、どのように触られたかを再現して見せた様子を司法警察員Kが写真撮影し、Vの写真についての説明も付記した「被害再現状況報告書」がある。検察官はこれを「Vによる被害再現状況」という立証趣旨で証拠請求した。この報告書の要証事実は何か？

【答え】この事例では、検察官は、VがXによる痴漢の被害を受けたことを立証する必要がある。そのためには、立証趣旨のいうとおりにVが報告書のとおりの再現をして見せたことを証明するだけでは意味がない。そこからさらに進んで、Vが再現して見せたとおりに犯人から触られたという事実を要証事実と考えなければ、意味のない証拠となる。

　例題10は、最決平17・9・27刑集59巻7号753頁（痴漢再現報告書事件）の事案を単純にしたものである。最高裁も、このような要証事実の理解に基づいて、報告書の証拠能力を判断した。令和5年司法試験出題の「実況見分調書」を「被害再現状況」という立証趣旨で検察官が証拠調べ請求するという設例でも、要証事実はVが再現したとおりの被害を受けたことである。このような再現実況見分調書については、後に検証調書の伝聞例外の扱いの部分で、再び検討する（106頁）。

[4] 立証趣旨を示さない出題

　試験問題では、立証趣旨を明示しないで、要証事実を推測させようとすることも珍しくない。このような要求は、法廷での立証活動の経験のない学習者にとっては不慣れかもしれない。しかし、不親切な出題とはいえない。というのは、当事者法曹になれば、証拠請求をするために、自分で立証趣旨と要証事実を考えなければならないからである。

【例題11】XはYと共謀のうえ、YがVの息子になりすましてVに電話をかけ、「会社の金を使い込んでしまったので、すぐに穴埋めしないと警察沙汰になってしまう。そうならないために、500万円を会社の人に渡してほしい」と虚偽の事実を告げて、現金を騙し取ろうとしたものの、Vに察知されたため、交付を受けるに至らなかったという詐欺未遂の訴因について起訴された。公判でXは、自分はYの行為に関与していないと主張している。

検察官は、XとYの共謀を立証する目的で、Y宅で押収されたメモの証拠調べを求めた。そこには、Yの筆跡で「1/5　Xからtel　チカンの示談金は疑われるので、会社の金を使い込んだことにする。後でシナリオを送る。」と記してある。弁護人はこれに対して「不同意」の意見を述べた。このメモは供述か？　また伝聞証拠か？

【答え】このメモの記載は、1月5日に一定の内容の電話連絡がXからYへあったという趣旨に読める。したがって、供述である。検察官の証拠請求の目的は、Vに対するYの行為がXとの共謀に基づくことを示すためである。そのためには、このメモに書いてあるとおりの内容の電話が、1月5日にXからYにあったことが要証事実となる。したがって、このメモはYの供述代用書面であり、伝聞証拠となる。

　例題11は、平成27年の司法試験出題を単純化したものである。問題文は、立証趣旨という表現をしないで、「共謀を立証する」という証拠請求の目的を示している。そこで、その目的を達するためには、この証拠から直接には何を推認する必要があるかを考えることによって、要証事実を想像する思考過程が必要となる。令和3年司法試験出題の共犯者からの指示内容を書き留めたと考えられるメモの扱いも、ほぼ同じ問題である。

　当事者の立証趣意も証拠請求の目的も示さず、代わりに事件の争点を示すことによって、伝聞証拠かどうかを問う出題もある。それに答えるためには、直接に争点から要証事実を読み取る想像力が必要となる。

【例題12】Xは、○年×月△日に、みだりにYに覚醒剤を譲り渡したという訴因について起訴された。Y宅から、風邪薬の箱に入った覚醒剤の小袋が押収されている。Xは、その風邪薬の箱をYに渡したことを認めつつ、そこに覚醒剤が入っているとは知らなかったと主張している。公判前整理手続で、XがYに箱入りの風邪薬を渡したとき、そこに覚醒剤が入っていることをXが認識していたかどうか、が争点として確認された。公判で検察側証人となったYは、次のような趣旨の証言をした。「その日、Xから風邪薬の箱を受け取るとき、Xは覚醒剤が入っているとは言いませんでした。しかし、『帰り道は、三番街を通るな。あそこはお巡りがよく検問をしていて、職質でシャブを見つかったやつが多いから。』と、私に注意しました。」これに対して、弁護人は「異議あり。伝聞供述です。」と述べた。検察官は、これにどう反論するべきか？

【答え】検察官は、「Yの証言に現れる被告人Xの発言は、渡した箱の中に覚醒剤が入っていることを被告人が意識していたことを示す証拠であり、供述証拠ではないから伝聞供述には当たらない」と反論するべきである。

　例題12は、平成28年の司法試験出題の表現を少し変えたものである。問題文は、Yの証人尋問を請求した検察官の意図を示していない。しかし、XがYに風邪薬の箱を渡すときに、覚醒剤が入っているという認識があったか否かが事件の争点であることを明示している。そうすると、検察官がYのこの証言から期待する推認は、三番街で覚醒剤所持を摘発するための職務質問が頻繁に行われていたという事実ではない。覚醒剤を渡すという自覚がXになければ、このような忠告をするはずがないという推論である。後に再確認するとおり、このように供述者Xの認識だけを要証事実とする供述は、供述証拠ではない。したがって、Xの発言を含むY証言は、伝聞供述に当たらない。

　さらに、立証趣旨も争点も示さない設例では、実体刑法の要件事実に照らして、当事者がその証拠からどんな推認を期待するのか、あるいは裁判所がその証拠から何を推認するのかを想像することによって、要証事実を想像しなければならない。例題5のように複数の要証事実があり得る場面では、それぞれについて伝聞証拠となるかどうかを分けて判断する必要がある。

[5] 立証趣旨とは別の要証事実を想定しなければならない場合

　もっと複雑な事例として、証拠請求者が示す立証趣旨Aで関連性のある証拠であっても、それを取り調べることによって、事実認定者が別の重要な要証事実Bを推認する心証を持つことが避けられない事例がある。このような場合は、要証事実AだけでなくBについても証拠能力があるかどうかを考える必要がある。

【例題13】被告人Xは、交際していたV女を同女のアパートで殺害したという訴因について起訴され、否認している。検察官は、Xはピッキングの技術を使ってVの部屋に忍び込んで同女を待ち伏せして殺害したと主張している。検察官が司法警察員に対するXの自白調書の取調べを請求したのに対して、弁護人はその任意性を争っている。ただし、Xにピッキングの技術があることは、とくに争っていない。検察官は、「Xにピッキングの技術があること」という立証趣旨で、K警部作成の「写真撮影報告書」の取

調べを求めた。この報告書には、次のような経過が書いてある。K警部がXをVの住んでいたアパートに連れて行き、ドアの鍵をかけた状態で、X宅で押収された針金の道具を渡して、「君が事件の日にやったとおりに錠をあけて見せてくれ」と求めた。それに応じてXが針金を使ってドアの錠をあけたので、その過程を添付写真5枚のとおり撮影した。この報告書の要証事実は何か？　また、裁判所はこれを証拠採用してよいか？

【答え】この報告書は、たしかにXに鍵を使わずに針金で錠をあける技術があると推認する根拠となりうる。しかし、これを採用して証拠調べをすれば、裁判官と裁判員がそこからXは犯行の一部を自白したと受け取ることは避けられない。それは、K警部が明らかに犯行の再現をXに求めたからである[8]。そのため、Xの犯人性も要証事実としてその証拠能力を考えなければならない。自白の任意性が争われている段階では、この報告書を証拠採用するべきではない。

　以上のように、ある証拠の要証事実を抽出する思考作業は、事例によって簡明であったり、逆にかなり複雑であったりする。あえて単純化すれば、要証事実は「この証拠から何を推認すれば、この事件の解決に役立つ情報となるのか」を想像することによって判明する。

---

6 | 第1章のまとめ

　供述とは、人が一定の事実の存否を伝えようとして行う言語的表現である。刑訴法320条1項が禁止する伝聞証拠とは、公判外で生じた供述を供述証拠として、すなわち供述内容どおりの事実の存否を推認する根拠として用いるものである。供述でない発言や供述証拠でない供述は、伝聞証拠にはならない。したがって、公判外で生じた発言や書面が伝聞証拠になるかどうかは、①それは供述か→②それは要証事実に照らして供述証拠か、という思考過程で判断できる。供述証拠かどうかは、要証事実によって決まる。要証事実は、証拠調べを請求する当事者の立証趣旨のほか、実体刑法の要件、当該事件で

---

8)　平成21年司法試験出題の「実況見分調書」に関する設例は、**例題13**と同様の問題を含んでいる。ただし、公表された「出題趣旨」はそこに触れていない（113頁参照）。自白的な意味を持たないような犯行能力の立証方法について、第7章**例題10**（112頁）参照。

の争点などを考えて、問題の証拠から何を推認すればその事件での事実認定に役立つかを想像することによって、特定できる。

　読者は、伝聞証拠か否かの区別、とくにそのための要証事実を抽出する方法について、まだ自信が持てないかもしれない。むしろそれがふつうの学習者の感想であろう。伝聞・非伝聞の区別は、後の章でも多くの設例で経験するので、だんだんに自信がつけばよい。本章ではさしあたり供述、供述証拠、伝聞証拠の定義が頭に入れば、目標到達である。

第2章

伝聞証拠禁止原則の意味

1 | 伝聞概念の再確認

　第1章で説明したとおり、伝聞証拠とは、公判外供述を供述証拠として、すなわち供述内容どおりの事実の存否を推認する根拠として利用するものである。しかし、少しずつこれと異なる定義を示す文献もあるので、それらの意味を確認する。

[1] 表現の違い

　公判外の供述内容の真実性が問題になるのが、伝聞証拠であるという説明がある。供述証拠として利用するためには、供述内容が真実であるという期待が前提となる。もちろん、その内容が真実かどうかは、最終的には事実認定の際の自由心証で判断される。しかし初めから真実でないと分かっている供述を供述証拠として採用する意味はない。だから、供述証拠は、たしかにその内容の真実性が問題となる。

　ただし、このような定義が誤解を生むこともある。たとえば、文書による名誉毀損事件において、刑法230条の2の適用のために、摘示事実の真実性が争点となる場合がある。そのため、上のような定義に従うと、名誉毀損行為を組成した文書が、伝聞証拠になると誤解する人がいる。もちろんこの文書は、犯罪行為の組成物として証拠になるのであって、摘示事実の真実性を推認するために証拠とするのではない。したがって、供述証拠ではなく、伝聞証拠ではない。

　他方で、この説明を突き詰めると重要な示唆が得られる。それは、内容が真実ではないと仮定してもなお証拠として利用する価値がある供述は供述証

拠ではなく（したがって伝聞証拠にはならず）、反対にその仮定によって証拠としての利用価値がなくなるのであれば、それは供述証拠であるという判断方法である。この判定方法が、供述証拠の定義から必然的に導けることは、少し考えれば納得できるであろう。この判定方法を理解していると、伝聞、非伝聞の区別に役立つことがある。

　次に、公判外供述を供述内容の真実性を立証するために使うのが伝聞証拠である、という定義もある。たしかに連邦証拠規則の伝聞証拠の定義を直訳すると、そのような表現に近い。本書での定義と実質は同じである。ただし、日本語のふつうの語感では、このような表現は、供述とは別に補助証拠として供述内容の真実性を支える証拠を指すように受けとれるので、わかりにくい。

　以上に見た2種の定義は、本書での定義と微妙に表現が異なるだけで、実質は同じである。

[2] 狭い伝聞定義

　しかし、もっと実質的な点で、本書とは異なる伝聞証拠の定義を採用する学説もある。供述のなかには、良く考えると観察による知覚も記憶の過程も経ないものがある。たとえば、Aが「頭が痛い」と語ったとする。それは事実の存在を語っているので供述である。しかし、外界に対する観察・知覚や記憶の過程を経た供述ではないから、その限りで典型的な供述に比べて誤りの危険は少ない。そのため、このような供述を供述証拠ないし伝聞証拠から除く定義を採用する論者もある[1]。このような狭い定義からは、この供述を聴いたWが法廷でする証言をAはそのとき頭が痛かったという要証事実のために用いても、伝聞証拠ではないことになる。しかし、このような供述にも誠実さや表現の適切さについては疑問の余地がある。それを一律に伝聞証拠禁止原則の対象から外すのは、疑問である。実質的には、このような狭い定義は、いわゆる現在の心理状態の供述を非伝聞とするための伝聞定義の限定である。そのため、次章で心理状態の供述論を考える際に、もう一度取り上げる（044頁）。

---

1)　このような定義の例について、太田茂『実践刑事証拠法』（成文堂、2017年）54頁参照。

[3] 広い伝聞定義

アメリカには、発言の誠実さと叙述の適切さに対する疑問があり得る供述の証拠利用は、すべて伝聞証拠に当たるという説もある[2]。これは、本書が述べる供述証拠の範囲よりかなり広い。このような定義によると、次章で見る発言者の精神異常を推認するために使う供述や発言者の認識を推認するために使う供述も、公判外で生じたものはすべて伝聞禁止の対象になる。しかし、このような広い定義は連邦証拠規則の伝聞定義に合わず、アメリカでの一般的な理解ではない。しかも、連邦証拠規則の伝聞例外規定、すなわち伝聞証拠の定義に当たるけれども例外として許容される場合の定めが網羅的かつ例示的であるのに対して、日本法の伝聞例外は限定列挙である。そのため、日本でこのような広い伝聞定義を採用すると、有用な証拠の利用を制限しすぎる結果となるであろう。

[4] 反対尋問の機会の有無で分ける定義

かつては、伝聞証拠とは「反対尋問を経ない供述証拠」であるという説が有力であった[3]。これをさらに厳密に表現すれば、「事実認定者の面前での供述時の反対尋問を経ない供述証拠」という定義になる。これは、公判外の供述証拠を禁じる主要な理由は相手方当事者による反対尋問を通じた吟味の機会がないからであるという立法趣旨の理解を前提として、そこから逆に導いた定義である。このような定義によると、公判供述でも反対尋問の機会のなかったものは伝聞証拠となる。後に見るとおり、公判外供述の利用を禁じる重要な根拠が、反対尋問ができないという点にあるのはたしかである。しかし、伝聞禁止の根拠はそれだけではない。また、刑訴法 320 条 1 項は公判期日における供述か否かで区別しているので、このような定義は条文の文言には合わない。公判供述でも反対尋問の機会のない供述の扱いは、憲法 37 条 2 項および刑訴法 308 条の問題として考える方が分かりやすい。

【例題 1】検察側証人 W は、法廷で主尋問に答えて、被告人 X の犯行を見た

---

2) MICHAEL H. GRAHAM, FEDERAL RULES OF EVIDENCE IN A NUT SHELL, 454-461（11th ed. 2020）.

3) このような定義を採用した代表的な論者は、平野龍一である。平野『訴因と証拠』（有斐閣、1981 年）220 頁。

と証言した。そこで正午になったので、裁判長は午後1時30分まで休廷して、再開後に弁護人からの反対尋問を行うことにした。Wは休廷の間に交通事故に遭って死亡した。このWの証言は、伝聞証拠か？

【答え】反対尋問の機会の有無によって伝聞証拠かどうかを決める説によれば、この証言も伝聞証拠となる。しかし、刑訴法320条1項は公判外供述という特性によって伝聞証拠を定義する。その条文に照らせば、これは伝聞証拠ではない。

2 | 伝聞証拠の3形態

　刑訴法320条1項が文言上禁止する伝聞証拠は、伝聞供述と供述代用書面である。このうち、供述代用書面には、さらに供述書と供述録取書の区別ができる。供述書とは、供述者自身が書いた書面である。表題は、陳述書でも上申書でも「私の気持ち」でも何でもよい。日記帳や手紙、電子メールのように表題のない文書でもかまわない。手書きに限らず、ワープロソフトで書いた電子データも供述書に当たる。それに対して、供述録取書は、W1の供述を聴いたW2がその内容を書き留めた文書である。典型的には、捜査官が作る供述調書がその例である。供述書と供述録取書の区別は、特に伝聞例外の要件を考える際に重要となる。法321条1項と322条1項は、供述録取書を伝聞例外として採用するためには、元になる供述をした原供述者の署名または押印があることを条件としている。それは、供述録取書は、原供述を含む録取者の供述代用書面だからである。そこには、二重の供述過程があるので、原供述を供述証拠とする場合には、厳密には再伝聞証拠となる。それを供述書と同格の単純な伝聞証拠として扱うための条件として、法は原供述者の署名・押印を求めた。この点は、後に供述調書の伝聞例外の部分で、再度確認する（057頁）。

　ところが、刑訴法320条1項の文言が禁止していないのに、一般に伝聞証拠として禁止の対象になると理解されているもう1つの証拠の形態がある。それは、録音ないし録画された供述である。この形態の証拠は、記録された供述内容どおりの事実の存否を推認するために使う場合は、公判外で生じた供述証拠となるので、供述代用書面と同様に伝聞証拠に当たるというのが通説である。321条の2と321条の3は、供述のビデオ記録について緩和され

た伝聞例外要件を定めている。これは、立法者が供述の録音録画記録も伝聞禁止の対象になると考えていることを示している。

【例題2】 Ｖは、Ｘから不同意わいせつの被害を受けたという被害届けを警察に出した。司法警察員Ｋは、Ｖから被害について聴き取りその状況をビデオに録音録画した。検察官はＸを起訴し、「被害状況」という立証趣旨で、このビデオ記録媒体の証拠調べを請求した。これは伝聞証拠か？

【答え】 この媒体は、Ｖの公判外供述の記録である。そして要証事実は、Ｖが語ったとおりの被害を受けたことである。この媒体がもたらす情報は、公判外の供述証拠であるから、伝聞証拠に当たる。

このような場合、録音録画と再生は機械を用いて行われる。そのため、供述録取書のような再伝聞ではなく、原供述者の署名・押印は伝聞例外要件として不要であるというのが、一般的な理解である。

以上のように、伝聞証拠が法廷に現れるのは（あるいは証拠利用が禁止されるのは）、伝聞供述、供述代用書面、録音ないし録画された供述という3つの形態のどれかである。

伝聞証拠か否かの区別と、証拠書類か証拠物たる書面かの区別とは連動しないことに注意すべきである。刑訴法は、証拠調べの方法について、証拠書類（305条）と証拠物たる書面（307条）とを区別する。前者については、朗読または要旨の告知をすべきであり、後者については展示および朗読または要旨の告知をすべきである（刑訴規則203条の2）。このような証拠調べの方法から、証拠書類とは通常存在自体が争いにならない書面であるのに対して、証拠物たる書面は存在自体を展示によって立証しなければならない書面であると理解できる。この分類では、捜査官が録取した供述録取書は、証拠書類に当たる。それに対して、被告人が被害者に送ったとされる脅迫状などは、証拠物たる書面の典型である。そのため証拠書類は伝聞証拠となり、証拠物たる書面は非伝聞であるように見える。

しかし、この連動は必然ではない。たとえば供述調書でも、後にみるように弾劾証拠としての自己矛盾供述を内容とするものは、供述証拠ではないから非伝聞である（187頁）。逆に証拠物たる書面でも、その内容を供述証拠として使うのであれば、伝聞証拠となる。

【例題3】 Ｘは、借金の請求を免れるために債権者Ｖを殺害したという2項強盗殺人の訴因について起訴された。Ｘは訴因を否認し、Ｖに対する債務

があったことも否認している。検察官は、Vが生前に書いていた日記帳の証拠調べを求めた。その日記帳には、「Xに貸した500万円をなかなか返してもらえないので、困った」という記載がある。この日記帳は、伝聞証拠か？　もし、証拠採用した場合、どのような方法で取調べるべきか。

【答え】争点から推論して、日記帳の要証事実は、XにはVに対する借金があり、その返済が滞っていたことである。そうすると、この日記帳は生前のVの供述代用書面であるから、伝聞証拠となる。もし、これを伝聞例外として採用した場合には、証拠物たる書面として、展示および朗読により取り調べるべきである。

　ただし、裁判実務では、証拠物たる書面の取調べ請求に対して、相手方が「不同意」意見の場合、裁判所は「物として採用する」と決定することがある。もともと証拠物たる書面であることが明かな書面をあえて「物として採用する」という趣旨は、内容を供述証拠として使わず、非供述証拠として利用できる限度で使うという意味である。この場合でも、書面に何が書いてあるかは確かめなければならないから、単に書面があるというだけの立証ではない。そのように書面の内容を考慮しつつ、なお非供述証拠として有用な推論ができるかどうかは、事案毎に考えなければならない（第13章**例題11**、196頁参照）。

【**例題4**】職場の同僚であるXとYは共謀して、公営競馬の結果を利用して勝ち馬投票類似の行為をさせて儲けたという、競馬法違反の共同正犯の訴因について起訴された。Xは訴因事実を認めたのに対して、Yは自身の関与を否定した。検察官は、「Yの机内から発見されたメモの存在と内容」という立証趣旨で、職場のYの机の引き出し内から発見押収されたメモの証拠調べを請求した。このメモは、A4紙8枚から成り、Yの筆跡で、8回の公営競馬のレース名が書いてある。そのそれぞれに20名ほどの人名があり、その人名の横に、競走馬の名前と1つあるいは2つの金額が記載してある。2つめの金額が書いてあるのは、いずれも1着になった馬である。Yの弁護人は、これに対して「伝聞証拠であり、不同意」という意見を述べた。裁判官は、「それでは、物として採用します」と告げた。このメモの要証事実は何か？

【答え】このメモは、Yがいわゆるノミ行為の記録を付けたものである可能性が高い。そのメモに記載されたとおりの人々が、記載されたとおりの賭け

をしたと推認するのであれば、Yの供述代用書面であり、伝聞証拠となる。裁判所が「物として採用する」と決定した意味は、そのような使い方ではなく、競馬のノミ行為の記録と解釈できる内容のYの筆跡のメモが、Yの机内から発見されたという限りの事実を要証事実とするという意味であろう。そのようなメモの存在は、Yがノミ行為に関与していたことの情況証拠として、関連性がある。

3 | 機械的記録と伝聞法則

[1] 機械的記録非伝聞の原則

　ここで、写真、ビデオ、録音など、機械を利用した情報の記録と伝聞証拠概念との関係を整理しておく。

　写真やビデオ、録音記録は、人が知覚して記憶した情報ではなく、機械が記録して再生する情報である。そのため、供述証拠ではないから伝聞証拠にはならないというのが一般的な理解である。

【例題5】Xは、A駅構内で多衆が集合して暴行する騒乱を指揮したという訴因について起訴された。検察官は、氏名不詳者が、騒乱の様子を撮影したという写真10枚の証拠調べを請求した。そこでは、多数の者が警官隊ともみ合っている様子などが写っている。弁護人は、これに対して「不同意」の意見を述べた。この写真は、伝聞証拠か？

【答え】この種の写真を現場写真と呼ぶ。写真の撮影、現像、焼き付けの過程は、供述ではないので写真は伝聞証拠ではないというのが通説である。最決昭59・12・21刑集38巻12号3071頁（新宿駅騒乱事件）も非供述証拠としている。もちろん、確かに事件の際の様子を撮影したものだという関連性は確認できなければいけない。また、写真でも撮影の角度や焼き付けの方法、あるいはデジタル写真であれば加工などによって、誤った印象を与えるおそれもある。そのような疑問があれば、何らかの方法で正確性を証明しなければならない。

【例題6】Xは、返済の目処も意思もないのに、それがあるように装って、Vに対して、「ひと月後に、大きな工事代金の入金がある。そこで必ず返せるので、それまでのつなぎに300万円を融通してくれないか」と持ちかけ、Vに信用させて300万円の交付を受けたという詐欺の訴因について起訴された。

Xは、自分は工事代金入金の見込みは話していないから、騙していないと主張している。検察官は、VがXの融資申し込みをICレコーダーで録音していた記録を複写したCDの証拠調べを請求した。このCDは、伝聞証拠か？

【答え】詐欺罪の構成要件およびXの主張から考えて、このCDの要証事実は、XがVに対して、訴因に示された内容の話をして融資を求めたことである。また、録音、再生の過程は機械による情報伝達なので、供述ではない。したがって、このCDは供述証拠ではないから、伝聞証拠ではない。福岡高判平7・6・27判時1556号42頁（会話録音事件）も、これと似た事例で、録音テープを非供述証拠としている。

[2] 供述記録の伝聞性

　ただし、写真、録音、録画記録などが、伝聞証拠となる場面がある。その1つは、音声供述の録音や動作による供述を撮影した記録である。上の**例題2**で考えた、供述の録音録画記録や、第1章の**例題3**（005頁）で考えた、犯行再現ビデオがその例である。これらの記録は、記録された供述を供述証拠として使う場合には、伝聞証拠となる。

【例題7】Wは、渋谷区内の路上で、深夜、白い乗用車が人を轢いてそのまま走り去るのを目撃した。Wは直ちに携帯電話から110番通報して「表参道で白い乗用車がひき逃げをして、原宿方向に走っていった。ナンバーは、820だ。」と語った。後にXが、このひき逃げの犯人として起訴され、否認している。Xの自家用車は、白いトーラスであり、その登録番号は品川320さ・820である。法廷で、Wは証人尋問を受けた。Wは、「ひき逃げした車は、たしかに白い乗用車だったけれど、ナンバーは全く憶えていない。しかし、110番通報したときにナンバーを言っていたなら、それは正しいはずだ」と証言した。検察官は、「Wによる110番通報の内容」という立証趣旨で、警視庁通信指令室がWの110番通報を録音したデータを複写したCDの証拠調べを請求した。これは、伝聞証拠か？

【答え】立証の必要性から考えて、この録音CDの要証事実は、Wが通報時に語ったとおり、ひき逃げした車の登録番号が820であったことである。これは、公判外で生じた供述証拠であるから、伝聞証拠になる。

　静止画像の写真でも、動作による供述を撮影したものは、供述の記録であ

る。そのような写真を供述写真と呼ぶことがある。第1章の**例題3**（005頁）で、犯行再現ビデオの事例を考えた。これがビデオでなく写真撮影であっても、再現者の供述の記録であることは変わりないので、供述写真の例となる。

写真が供述証拠となるもう1つの場面は、報告書の一部を成す写真である。書面で事実を報告する際に、文字情報だけではなく、写真による画像情報も使うことがある。その場合の写真は、報告書の一部を成す供述となる。したがって、供述代用書面の一部となる。司法警察員が実況見分調書に添付する写真などがその典型例である。

第1章の**例題10**（012頁）で考えた事例は、Vによる被害再現動作を記録した報告書に写真を添付した事例であった。この報告書は、Vの動作による供述を司法警察員Kが記録して報告する文書である。そのため、2重の意味で供述証拠になるから、再伝聞証拠という性質をもつ。

4 │ 公判供述と公判外供述の違い

伝聞証拠禁止原則は、供述証拠の危険性に着目した証拠法則である。しかし、公判供述でも、供述証拠としての危険性はある。それにも拘わらず、公判外供述だけを規制する理由がなければならない。その理由を理解するためには、公判供述と公判外供述の違いを考える必要がある。

第1に、公判供述は事実認定者の面前で行われるので、事実認定者が供述者の態度を直接に観察することができる。それに対して、公判外供述では、供述者の態度を直接に観察できない。

第2に、公判供述では、供述者がどのような問いに対して、どのような表現で答えたかを事実認定者が知ることができる。すなわち、供述の形成過程を知ることができる。たとえば、誘導的な問いに答えたのか、供述者の側が積極的に情報を語ったのかの違いも分かる。それに対して、公判外供述では、供述の形成過程を知ることが難しい。典型的な公判外供述である供述調書は、物語風の独白体でまとめられるのがふつうである。そのような供述調書からは、捜査官とのどんなやり取りの結果として、この調書にまとまったのかは分からない。

第3に、典型的な公判供述である証言や鑑定は宣誓を伴っている。それに対して、公判外供述は、ふつう宣誓を伴わないので、偽証の制裁による誠実

性の担保がない。ただし、この対比は常に成り立つ訳ではない。公判供述でも、共同被告人の供述のように宣誓を伴わないものがある。逆に、公判外供述でも、刑訴法226条・227条に基づく第1回公判期日前の証人尋問のように宣誓を伴うものもある。

　第4に、公判供述では、不利な供述に対して相手方が反対尋問をすることができる。それによって、供述の信頼性に疑問を投げかけることができる。事実認定者は、その情報も考慮して、供述の信頼度を評価できる。それに対して、公判外供述では、供述者が供述時に法廷にいないために、事実認定者の前で反対尋問をすることができない。また、公判供述者には事実認定者が補充的な質問をすることができるのに、公判外供述ではそれができない。

　以上の4つの点で、公判供述に比べて公判外供述は、その信頼性を吟味する手段が少ない。これらの4点のうち、1と2については、公判外供述をビデオに録音録画することによって、ある程度まで情報を補うことができる。しかし、ビデオは一定の視角から場面を切り取った結果なので事実認定者の面前での供述に比べると、やはり情報は限られている。そのためかえって誤った印象を与えるおそれもある。また、第4の点は、公判供述と公判外供述の決定的な違いである。公判外供述はこのような限界の故に、事実認定者が信用性評価を誤りやすい情報である。そのため、伝聞証拠禁止原則は、公判外供述の証拠利用を禁止する。これは、法的関連性を法が明文で制限した典型例である。

【例題8】被告人Xは、Vに対する傷害の訴因について起訴された。Xは、否認している。出廷したXは茶髪である。検察側証人W1は、公判期日に「W2が、『Vに怪我をさせた犯人は、茶髪の男だった』と私に話しました」と証言した。それに対して弁護人は、「異議あり、伝聞供述です」と述べた。W1のこの証言を証拠にしてはいけない実質的な理由は、次のどれか？

　①自然的関連性がないからである。

　②W2がW1に対して、本当にそのように語ったのかどうか、直接W2に確かめることができないからである。

　③W2がW1にそのように語ったとしても、その発言の信頼性をW2自身に確認することができないからである。

【答え】③が正しい。まず、W1とW2の供述がともに正確ならこの情報はXの犯人性の情況証拠となるから、この証言に自然的関連性はある。伝聞

証拠禁止の理由として②を選ぶのは、ありがちな誤解である。たしかに、W1 の証言が W2 の発言を正確に再現しているのかどうかは疑問の余地がある。最悪の場合、W2 から聞いたという話はまったくの嘘かもしれない。しかし、それは証言一般がもつ危険の現れに過ぎない。目撃証言でも、証人が自分の体験を正確に語らないおそれはある。だからこそ、反対尋問を通じて、信頼性を吟味する必要があるし、それが可能である。同じように、W2 から本当にそのような話を聞いたのかどうかについては、W1 に反対尋問をすることができる。伝聞供述に特有の危険は、③の点にある。W1 が真実を語っていると仮定しても、原供述者 W2 が真実を語っているかどうかを W2 に対する質問を通じて吟味することができないから、伝聞供述は禁止される。この②と③の意味の違いを理解することは、伝聞法則を正しく理解するために重要である。同じように、法が供述代用書面を禁止するのは、書面の成立が疑わしいからではない。真正な書面であると仮定しても、内容である供述が正確かどうかを供述者に確かめられないからである。

　ただし、伝聞証拠禁止は「原則」であって、絶対のルールではない。実際、刑訴法は伝聞証拠の定義に当たるものでも、321 条以下で一定の要件の下に証拠能力を認めている。それが、伝聞例外である。伝聞例外については、第 3 章以降で詳しく説明する。

　他方で、伝聞証拠禁止原則は、供述証拠が内蔵する種類の危険を伴う証拠のすべてを対象とする法則ではないことにも注意するべきである。供述証拠と同じ性質の危険性を持っていても、それが公判外供述でないために、伝聞証拠禁止の対象とならない事例がある。

【例題9】5 歳の子 V は、2023 年 5 月 1 日午後から行方不明となった。母親 M からの捜索願によって、警察が V を探したものの、手がかりはなかった。翌日、V は無事に帰宅した。V は、M に「きのう、自動車で知らないおじさんの家に行った。朝ご飯を食べてから、おじさんの自動車に乗って、うちの前で降りた」と語った。5 月 6 日に M が近所の児童公園で V を遊ばせていると、60 歳前後の男 X が通りかかった。砂場で遊んでいた V は、X を見ると急に M に駆け寄って抱きついた。X は、V の方を見ずに立ち去った。M は、その男に見覚えがなかった。M が、V に「あのおじさんを知っているの？」と尋ねたのに対して、V は何も答えなかった。X が V を車に乗せるのを見たという W の目撃供述などがあって、検察官は X を V に対する

未成年者誘拐の訴因について起訴した。Xは、事実を否認した。公判でM
は、上のVの話と行動を証言した。M証言は伝聞供述か？

【答え】Mが5月2日にVから聞いた話を語った部分の要証事実は、Vが5
月1日に、知らないおじさんの家に自動車で連れて行かれたことである。こ
れは、Vの公判外供述を供述証拠として使うので、伝聞供述となる。5月6
日の公園での経験を語る部分の要証事実は、そのときにはMが知らないX
をVは知り、また恐れていたことである。それは、XがVを誘拐した人物
であることの情況証拠となる。しかし、Vの供述を含まないから伝聞供述
ではない。

　この事例で、VはXを誰かと見間違えたのかもしれない。また、Xが通
りかかったときVがMに抱きついた理由についてはいろいろな可能性があ
るから、この行動は多義的である。つまり、そこには、Vの知覚、記憶の
誤りの危険があり、叙述や表現には解釈の幅が大きい。そのため、供述証拠
と同様の危険性、あるいは供述証拠以上の不確かさがある。それにも拘わら
ず、M証言に現れるVの行動は供述ではないので、伝聞禁止の対象にはな
らない。このような区別の根拠は、おそらく直接証拠と情況証拠の違いであ
ろう。前に述べたとおり、供述証拠は要証事実に対して直接証拠であるので
信用されやすい。それに対して、この事例でのVの行動は多義的であって、
情況証拠にしかならない。人はその多義性を意識しながら証明力を評価する
ので、証明力を過大評価するおそれは供述証拠ほど大きくはないのであろう。

5 | 伝聞証拠禁止原則と証人審問権の関係

　憲法37条2項は、被告人に証人審問権を保障している。これは、自己に
不利な供述をする者に対して、法廷で反対尋問をする権利を保障する意味を
含んでいる。公判外で生じた被告人に不利益な供述を証拠にすることは、被
告人が反対尋問できない供述を証拠とすることになる。それを無条件に許す
ことは、同項の保障に実質的に反する結果となる。そうすると、刑訴法320
条1項の伝聞証拠禁止原則は、被告人にとっては憲法上の証人審問権の保障
の担保となっている。

　ただし、憲法上の証人審問権の保障と伝聞証拠禁止原則とは、別の法原則
である。その違いは、以下の点に現れる。

まず、伝聞証拠禁止原則は、検察官が提出する証拠のみならず、被告人側が提出しようとする証拠をも規制する。憲法37条2項が被告人の反対尋問権だけを保障する片面的原則であるのに対して、伝聞証拠禁止原則は、検察官の反対尋問の機会も保障する双面的な原則である。

　また、憲法の証人審問権の保障が被告人に不利な公判外供述の利用をどこまで禁止するかは、いまだ明確ではない。最高裁判所の判例は、憲法37条2項は被告人に不利な公判外供述の採用を「絶対に」禁じる訳ではないという立場を繰り返し示している[4]。また伝聞例外としての許容性を判断する際に、憲法上の証人審問権の保障に言及している[5]。これは、被告人の証人審問権と伝聞証拠禁止原則との間に一定の結びつきがあることを示唆する。しかし最高裁判例は、どのような伝聞例外を認めれば憲法違反になるのかの判断基準を示したことはない。

　それに対して、アメリカ合衆国最高裁の判例は、被告人に不利な公判外供述の許容性と憲法との関係について、かなり明確な基準を示している。合衆国憲法修正6条は、刑事被告人が不利益な証人と対決する権利を保障している。これは証人対面権あるいは対質権とも呼ばれ、日本国憲法の37条2項に相当する条項である。以前の判例は、伝聞証拠禁止原則と証人対面権とは似た価値を守るための法則であり、伝統的に確立した伝聞例外の許容は被告人の証人対面権保障に反しないという立場をとっていた[6]。しかし、2004年のクロフォード判決[7]は、被告人が供述者に反対尋問をする機会をもてない「証言的な」供述を証拠とすることは、証人対面権の保障に反するとした。この「証言的」な供述の意味については解釈の余地があるものの、捜査官が事実解明のために質問して得た供述は、その典型とされている。日本法の伝聞例外をこの基準に当てはめると、刑訴法321条2項前段の検察官調書および321条1項3号のうち司法警察職員に対する供述調書の許容は、憲法違反となるであろう。

---

4)　最大判昭24・5・18刑集3巻6号789頁、最判昭30・11・29刑集9巻12号2524頁。

5)　最三小判平7・6・20刑集49巻6号741頁（参考人退去強制事件）。

6)　Ohio v. Roberts, 448 U.S. 56 (1980).

7)　Crawford v. Washington, 541 U.S. 36 (2004). 日本での紹介として、大谷祐毅『公判外供述の証拠使用と証人審問権の役割』（有斐閣、2022年）120頁以下など。

このように、アメリカ合衆国の判例は、憲法の証人対面権条項に伝聞法則を超える意味を認め、結果として被告人に不利な公判外供述の利用を憲法上厳しく制限している。他方で、日本の判例では、憲法37条2項が、被告人に不利な伝聞例外をどの程度まで禁止するのかは、分からない。

6 | 伝聞証拠禁止原則と直接主義の関係

　伝聞法則と直接主義の関係も、確認する必要がある。ここで直接主義とは、人の供述を証拠とするためには、法廷で供述を聴くべきであって、書面になった供述、すなわち供述代用書面を使ってはいけないという原則である。そのため、口頭主義ともいう。ドイツ法は、この原則を厳格に守っている。ドイツ法は、19世紀に糺問主義から弾劾主義に移行する過程で、この直接主義を確立した。直接主義は、かつての糺問主義の手続では書面になった供述の記録に基づいて事実認定していたのを改めることによって、公判前の証拠収集と公判での事実認定過程とを切り離す機能をもっていた。

　日本では、治罪法でも明治刑訴（旧々刑訴）も、この直接主義を明示していなかった。そのため、直接主義ないし当時の用語によれば直接審理主義の採用は、明治以後の日本の刑事訴訟法改正の主要な争点であり続けた[8]。大正刑訴（旧刑訴）343条は、法令により作成した訊問調書以外の供述録取書の証拠利用を原則として禁止した。しかしそれは、予審での訊問調書はもちろん、当時の法律で捜査官に訊問権限がある場合の訊問調書も無条件で証拠能力を認めることを意味した。それでは直接審理主義を確立したとはいえない。そのため、現行刑訴法が伝聞証拠禁止原則を採用したことは、日本法で初めて直接審理主義を実現する結果を伴った。

　直接主義と伝聞証拠禁止原則は、供述代用書面の利用を禁止するという点で良く似ている。公判供述では、事実認定者が供述態度や供述の形成過程を直接に観察することができるという利点は、双方に共通する。また、捜査官の心証を反映しがちな供述調書の利用を禁止することによって、捜査から公判への嫌疑の引き継ぎを断ち切るという機能も共通する。現行刑訴法は、同

---

8)　大正刑事訴訟法の制定過程での直接審理主義をめぐる議論については、小田中聰樹『刑事訴訟法の歴史的分析』（日本評論社、1976年）が詳しい。

時に起訴状一本主義を採用することによって、この分離を徹底しようとした。日本の伝聞法則を理解するためには、このような直接主義の観点も考慮するべきである。

　ただし、伝聞証拠禁止原則が、当事者による反対尋問の機会を重視する当事者主義的な法理であるのに対して、直接主義は、真実発見を重視する職権主義的な法理である。そのため、ドイツの刑事裁判では、供述代用書面は禁止されても、伝聞証言は禁じられていない[9]。

7 | 第2章のまとめ

　伝聞証拠とは、公判外で生じた供述を供述証拠として使うものである。それが法廷に現れる形態として、伝聞供述、供述代用書面および機械的に記録された供述の3つがある。写真、ビデオ、録音による情報の記録と伝達は、人の供述ではないから、記録内容である供述を供述証拠として使うのでなければ、伝聞証拠とはならない。法が伝聞証拠の利用を原則として禁止するのは、公判外供述に対しては反対尋問ができないなど、その証明力を吟味するための手段が少ないため、証明力を過大評価するおそれが大きいからである。同時に、伝聞法則には、憲法が被告人に保障する証人審問権を担保する機能がある。また、事実認定者が供述を直接に聴くという直接主義の要請も含んでいる。さらに大きくみれば、捜査の過程で作られる供述の記録を公判に持ち込まないことによって、捜査官が考えた事件の構図に裁判所が引きずられないようにする働きがある[10]。そうすると、伝聞証拠禁止原則は、単に事実誤認を防ぐという真実発見の目的に資するだけではなく、事実認定過程の公正さを担保する働きをもつとみることができる。

　次章では、書面や公判外での発言が伝聞証拠にならない種々の事例を考え

---

9)　ただし、学説では、伝聞証言は直接主義に反するという主張は根強い。ドイツ法の議論については、川島亨祐「ドイツの刑事手続上の公判外供述（2）」法律時報95巻5号（2023年）131-134頁参照。

10)　斎藤司『刑事訴訟法の思考プロセス第21回』（日本評論社、2019年）339頁は、伝聞法則を「正確な事実認定を確保するための実体的・手続的規律」と説明する。

ることによって、伝聞概念の理解を確認する。

第3章

伝聞・非伝聞の区別

　本章では、書面あるいは公判外での発言が伝聞証拠でなく、非伝聞となる様々な事例を考えることによって、伝聞証拠か否かの判断を練習する。

1 ｜ 供述ではない情報

　一定の事実の存否を伝えようとするものでない発言や書面は、刑訴法320条1項の「他の者の供述」や「書面」に当たらないから、伝聞証拠にはならない。以下、その例を挙げる。

[1] 行動の一部である発言

　呼びかけ、挨拶、感謝、罵倒など情緒的な意思表現のための発言は、一定の事実の存否を伝えるための発言ではないから、供述ではない。たとえば、AがBに対して「バカヤロウ」と怒鳴るのは、相手を罵倒する行動であって、Bが馬鹿であるという事実を語る供述ではない。

【例題1】桃園村役場建設課長Xは、村道の舗装工事の入札において、Yに便宜を図る見返りに現金20万円の賄賂を受け取ったという収賄の訴因について起訴され、否認している。同建設課の職員Wは検察側証人となり、主尋問に答えて、次のように証言した。「この舗装工事を入札にかける直前に、村内の飲み屋でX課長と飲んでいたところ、Yが入ってきた。YはXを見ると、寄ってきて『この度は、ありがとうございました』と言いながらXに向かって深々と頭を下げた」。弁護人は、これに対して、「異議あり。伝聞供述です。」と述べた。裁判所は、どう判断するべきか？

【答え】YのXに対する発言は、感謝を表す行動の一部であって、一定の事

実の存否を述べる供述ではない。W証言は伝聞供述には当たらないので、弁護人の異議は棄却するべきである。

　緊迫した状況で咄嗟に出る叫びも、事実の存否を伝えるための発言ではないから、人の行動の一部と見ることができる。スリの被害に遭った者が、「スリだ、スリだ」と叫びながら犯人を追いかけるような行動もその一例である。

【例題2】Xは、Vを殴って昏倒させ、脳挫傷により死亡するに至らせたという傷害致死の訴因について起訴された。Xは、Vから攻撃されたために反撃した正当防衛であると主張している。検察側証人Wは、次のように目撃した状況を語った。「Vが、先にXに殴りかかりそうな動作をした。Xは『ぶっ殺してやる』といいながら、殴り返した。」これに対して、弁護人は、「異議あり。Xの発言を述べる部分は、伝聞供述です。」と述べた。検察官は、どう反論するべきか？

【答え】検察官は、このXの発言は、攻撃行動の一部であって、事実を述べる供述ではないから伝聞供述ではない、と反論するべきである。このXの発言は、当時Xが憤激していたことを推測させる。それは、防衛意思の有無や防衛行為の相当性に影響を及ぼす可能性のある事実である。しかし、それを「自分には殺意がある」という供述と見るのは、現実的ではない。だから、そこから直ちにXにはVに対する殺意があったと推認するのも適切ではない。

[2]　指示、命令、依頼としての発言・書面

　相手に一定の事実の存在を知らせることなく、指示、命令、依頼などをする発言や書面は供述ではないから、伝聞証拠にはならない。これも、行動としての発言という意味では、上の［1］と同じである。ただし、言語表現が中心で身体の動作を伴わない点で、異なる。たとえば、強盗犯人の1人がもう1人に対して、「タツ、書斎の机から現金を探せ」といったと、被害者Vが証言したとする。この犯人の発言は、行動の指示であって供述ではない。そこから犯人の1人が「タツ」と呼ばれる人物であることを推認しても、伝聞証拠にはならない。

【例題3】XはYと共謀のうえ、YがVの息子になりすましてVに電話をかけ、虚偽の事実を告げて現金を騙し取ろうとしたものの、Vに察知され

たため、交付を受けるに至らなかったという詐欺未遂の訴因について起訴された。公判でXは、自分はYの行為に関与していないと主張している。検察官は、XとYの共謀を立証する目的で、Y宅で押収された文書の証拠調べを求めた。その内容は、欺くための会話など詐欺の手口を示すマニュアルと理解できるものである。その手口は、実際にVに対して行われたのと同じである。受け取り役が検挙された場合の弁解方法も指示している。鑑定書によれば、この文書からは、Xの指紋が検出されている。弁護人はこの文書の証拠請求に対して、「不同意」の意見を述べた。この文書は伝聞証拠か？

【答え】犯罪の手口を指示するマニュアルは、事実の存否を述べる文書ではないので、供述書ではない。したがって、非伝聞である。このマニュアルがY宅で発見され、それにXの指紋がついているという事実は、この詐欺の計画にXが加わっていたことすなわちYとの共謀を推認する情況証拠となる。**例題3**は、平成27年司法試験の出題を簡潔にしたものである。司法試験の設例は、この文書とXとの関わりについて、さらに詳しい情報を与えている。

[3] 意思表示としての発言・書面

発言あるいは書面が法律行為となる意思表示である場合、それは事実の存否を表現する供述ではないから、伝聞証拠にはならない。第1章例題2（003頁）でみた、新幹線の指定席券を購入するための発言もその一例である。契約書は、書面による双方当事者の意思表示であるから、契約の存在を証明する目的では供述証拠ではない。もちろん、成立の真正性は、証明されなければならない。民事訴訟法学では、書証を処分証書と報告証書に分けて説明するのがふつうである[1]。これは、非伝聞と伝聞の区別に対応している。刑事でも、意思表示の手段としての書面すなわち処分文書は、法的行為の存在を証明する目的では非伝聞である[2]。商品についた正札や飲食店のメニューなども、契約条件を示す処分文書なので、それを価格の証明のために用いて

---

1) 伊藤眞『民事訴訟法〔第7版〕』（有斐閣、2020年）429頁。

2) 領収証は処分文書ではないので、この議論では非伝聞とはいえない。領収証の扱いについては、126頁、142頁でふれる。

も伝聞証拠とはならない。

【例題 4】検察官は X を V 所有の自動車を壊したという器物損壊の訴因について起訴した。公判で検察官は、「被害者の告訴があったこと」という立証趣旨で、V 名義の司法警察員宛告訴状の証拠調べを請求した。これは伝聞証拠か？

【答え】告訴の存在を要証事実とする限りは、告訴状は処分文書だから、非伝聞である。器物損壊は親告罪である（刑法 261 条・264 条）から、検察官は訴訟条件としての告訴の存在を立証しなければならない。告訴は、犯罪による被害を申告するとともに処罰を求める訴訟行為である。告訴状は、この訴訟行為の手段であるから、告訴の存在を示す限りでは、非伝聞である。実務では、訴訟条件の存在は自由な証明で足りるという理由で告訴状の証拠採用を認める考え方がある[3]。しかし、親告罪における告訴は、有罪判決の必要条件であるから、厳格な証明によるべきである。それでも、告訴状は非伝聞だから、証拠能力がある。ただし、無能力など告訴の無効原因が主張されたときは、検察官は別途無効原因の不存在を立証する必要がある。もちろん、告訴状から、申告されたとおりの被害の存在を推認しようとすれば、伝聞証拠になる。

　ある発言あるいは書面が、供述に当たるかどうかの区別に悩む事例もありうる。その場合でも、いずれにしても、次にみるように、供述証拠としての利用にはならないと判断できるなら、非伝聞という結論が出せる。

2 ｜ 供述証拠ではない供述

　公判外供述でも、要証事実に照らして非供述証拠であれば、「公判期日における供述に代えて」使うのではないから、伝聞証拠にはならない。その例として、以下のような類型がある。

[1] 主要事実となる発言・書面

　書面や発言が犯罪行為を組成する場合は、それらの存在自体が主要事実となる。それらの内容が一定の事実の存否を表現していても、供述証拠として

---

3) 石井一正『刑事実務証拠法〔第 5 版〕』（判例タイムズ社、2011 年）177 頁。

の推論を伴わないから、伝聞証拠ではない。名誉毀損罪における事実を摘示した雑誌記事、あるいは公開の場で事実を摘示した発言は、その典型である。脅迫罪や恐喝罪での脅かすための文書や発言も同じである。強盗罪の事例での脅迫文言については、第1章**例題7**（010頁）で考えた。詐欺罪における欺く行為としての書面（第1章**例題4**〔006頁〕）や発言（第2章**例題6**〔023頁〕）、虚偽公文書作成罪における虚偽文書や偽証罪における虚偽の陳述なども同様である。

【**例題5**】Xは、Vを陥れようと考えた。そこで、Vがその3歳の子Sを虐待して、しばしば怪我をさせているという嘘の事実を書いた匿名の投書を警察に送った。捜査の結果、この投書はXが送ったものであり、その内容は虚偽であることが判明した。検察官はXを虚偽申告罪（刑法172条）の訴因について起訴した。検察官は、警察に届いた投書の証拠調べを請求した。これは伝聞証拠か？

【**答え**】この投書は、虚偽申告罪の実行行為を組成した書面だから、供述証拠ではない。投書の要証事実は、そこに書かれたようなVによる子どもの虐待ではなく、そのような内容の書面が警察に届いたことである。したがって、伝聞証拠ではない。

[2] 間接事実となる発言・書面

　一定の事実の存否を表現する供述が、その存在自体で間接事実すなわち情況証拠となる場合も非伝聞である。

【**例題6**】Xがバンコクから成田空港に帰国した際の税関検査で、携帯するスーツケースから覚醒剤1キログラムが入ったキャンディー缶が発見された。検察官は、Xを営利目的覚醒剤輸入の訴因について起訴した。Xは、このキャンディー缶はバンコクの取引先Yから、Yの日本の友人への土産として預かったもので、中に覚醒剤があるとは思わなかったと説明して、故意を否認している。検察官は「被告人が税関に対して預かり品がないと申告したこと」という立証趣旨で、Xが帰国時に税関に提出した「携帯品・別送品申告書」[4]の証拠調べを請求した。この申告書の書式は下のようなもので、「他人から預かったものを持っていますか」の項目で「いいえ」に✔されて

4）　その様式は、多くのwebサイトに掲載されている。

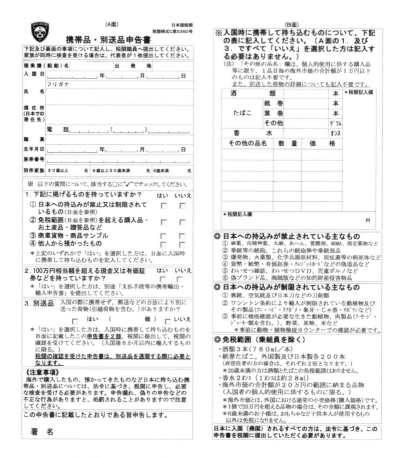

いて、X の署名がある。これは伝聞証拠か？

【答え】この申告書は、X の供述書である。しかし、要証事実は、X に預かり品がなかったことではなく、（X の説明によれば預かり品があったはずなのに）預かり品がないと申告したことである。この X の行動は、X の公判での主張の説得力を低める情況証拠となり得る。したがって、供述証拠ではないから、非伝聞である。

　人の発言から発言者の語学力を推認する、あるいは AB 間の会話の話題から２人の間の人間関係を推認するのも、非伝聞である。

[3] 精神の異常を推認させる供述

合理的に考える人であれば決して真実と思わないような事実を真面目に語るという行為が、供述者の精神の異常を推認させる根拠になる場合がある。このような発言も、供述証拠ではないために、非伝聞になる。

【例題7】 X は、2023 年 5 月に自分の母親 M を殺害したという殺人の訴因について、起訴された。弁護人は、X は重い統合失調症のため妄想に支配されていたから心神喪失に当たると主張している。X の職場の同僚である W は、公判期日に弁護側証人となり、次のような証言をした。「2023 年 4 月、X が私に『最近、母親が一日中ボクに電波を送ってきて頭を混乱させるので、仕事がぜんぜん進まない。何とかしないといけない』と語りました。X は真剣な様子だったので、大丈夫かと心配になりました。」これは伝聞供述か？

【答え】 W が述べる X の発言の要証事実は、M が X に電波を送って仕事を妨害したことではなく、そのような不合理な事実を真剣に語る X には妄想があったことである。これは非供述証拠であるから、W の証言は禁止される伝聞供述には当たらない。

[4] 供述が受け手に与えた影響を推認させる供述

供述がそれを聞いた、あるいは読んだ相手に与えた影響を推認する根拠として使われる場合、それは供述証拠ではないから、伝聞証拠にならない。第 1 章**例題5**（008 頁）で、被告人が摘示事実を真実と信じた理由として他人の供述を考慮するのも、この一例である。

【例題8】 X は、乗用車を運転中、横断歩道を横断中の V（5 歳）をはねてしまい、過失運転致死の訴因について起訴された。訴因での過失の態様は、前方注視を怠ったことである。弁護人は、X は青信号に従って進行していたのに、V が信号を無視して急に道路に飛び出したために事故が起きてしまったのだから、X には予見可能性がなく過失はないと主張している。検察側証人 W1 は、次のように述べた。「X の車の助手席には W2 が、後部座席には私が乗っていました。事故のあった横断歩道の 50 メートルくらい手前のあたりで、W2 が、『あの子、飛び出しそうで危ない』と叫びました。」

弁護人は、下線部に対して「異議あり。伝聞供述です。」と述べた。検察官は、どう反論するべきか？　また、裁判所はどのように裁定するべきか？

【答え】検察官は、「この証言の要証事実は、W2の発言によって、Xには危険を知る機会があったことだから、伝聞供述には当たらない」と反論するべきである。もしこのW2の発言から、その時点でVが道路に飛び出しそうになっていたと推認するのであれば、伝聞証拠となる。したがって、裁判所は、XがW2のこのような指摘を聞いたという要証事実に限って、この証言を証拠とする旨を裁定するべきである。

【例題9】Xは、交際していた恋人V女を殴って怪我をさせたという傷害の訴因について起訴された。弁護人は、訴因の事実を認めたうえで、Xの動機について、次のように主張した。Xは、友人のFからVが他の男性Tと親密に付き合っていることを事細かに書いたメールを受け取った。Xはそれについて、Vに問い糺した。VはTとの交際を否定したが、XはVの説明を信じられず、激高して殴ってしまった。弁護人は、「被告人がFから受け取ったメールの存在と内容」という立証趣旨で、メールを印字した文書の証拠調べを請求した。検察官は、それに対して「不同意」の意見を述べた。弁護人は、どう反論するべきか？

【答え】弁護人としては、次のように反論する。「このメールの要証事実は、Fが書いたとおりVがTとも交際していたことではない。メールを読んだXが、Fの話を真に受けて、Vに対して疑いをもってしまったという、暴行に至る事情が要証事実である。したがって、これは供述証拠ではないから非伝聞である。」このような事情は、犯情に関する情状立証として、関連性がある。

[5]　供述者の認識を推認させる供述

　他の証拠に拠って真実と確認できる事実FをDが供述していたなら、通常、Dはその時点で事実Fを認識していたと推認することができる。Dが事実Fを暗黙の前提とする発言をしていた場合も、同様である。このような供述者の認識を推認するために証拠とされる供述は、供述証拠ではないから非伝聞である。第1章**例題12**（013頁）の設例に現れた覚醒剤を渡すという認識を推認させる発言も、この応用型である。

【例題10】被告人Xは、コンビニで偽造1万円札を使ったため、偽造通貨行使の訴因について起訴された。Xは、この1万円札は、Yから駄賃としてもらったもので、偽札とは思わなかったと、故意を否認している。検察側

証人Wは、公判期日に次のように証言した。「事件の少し前、Xは私に『Yから偽1万札をもらった。良くできているから、買い物に使ってもバレないだろう』と話しました。」これは伝聞供述か？

【答え】検察官がこの証言から期待するのは、このように語ったXは1万円札が偽造紙幣であることを知っていたに違いないという推論である。このXの発言は供述証拠ではないから、Wの証言は禁じられる伝聞供述ではない。

　このような供述者の認識を証明するための供述として非伝聞になるためには、原則的に、そこで語られた事実Fが他の証拠によって十分に立証されるという前提が必要である。そうでないと、Dがそのように認識していたのだから事実Fがあったのだろうという推論が生じて、実質は伝聞証拠になってしまうからである。事実Fが実は存在しないという前提で、Dがそれを存在すると誤信していたことを要証事実とする場合も、非伝聞となる。

　ただし、事実Fの全体を証明する他の証拠がなくても、事実Fを語ることができたという事実から、Dが事実Fに関係する一定の経験をしていたはずだという推論ができる場合があるかもしれない。そのような事例では、伝聞・非伝聞の区別は微妙な判断となる。

【例題11】7歳の女児Vは、知らない男の家に連れ込まれてわいせつ行為をされたことを母親Mに話した。その際、Vは、連れ込まれた家の構えや間取り、室内の調度などを語った。後に、XがVに対する不同意わいせつの訴因について起訴された。Xは、否認している。Mは検察側証人として、Vが語った内容を証言した。Xの自宅の状況が、VがMに語った家のとおりであることは、実況見分調書などによって確認できる。M証言に対して弁護人は、伝聞供述だという異議を述べた。検察官は、「この証言の要証事実は、Vが語った犯人宅の様子が被告人宅の様子と合致することである。そこから、Vは被告人宅に行った経験があることを推認するのだから、伝聞証拠には当たらない」と反論した。この反論は適切か？

【答え】この反論が成り立つためには、Vが語った犯人宅の様子とX宅の様子の合致が、たしかに偶然の一致ではないと推論できる必要がある。この条件が満たされないときには、Vが犯人宅の様子を正しく語ったという期待を前提にしなければ意味がない情報となるので、伝聞証拠となる。したがって、Vが語った犯人宅の様子がどれ程特徴的なものかによって、検察官の

反論が成り立つかどうかが決まる。

　例題11は、ウイスコンシン州の判例 Bridges v. State, 19 N.W. 2d 529 (Wis. 1945) に現れる事案を基にしている。この判例は、Vの供述に関するMの証言を非伝聞と認めた。それは、Vが語った内容が、被告人宅の様子と高度に符合するので、偶然の一致とは考えられないとみたからであろう。ただし、その様子がそこまで特徴的といえるかどうかは、議論の余地があった。設例を変えて、たとえばVが中学生で、犯人宅内に「平成3年度山梨県中学校バドミントン大会男子シングルス優勝　後藤昭生」という賞状があったと語ったとする。Vがバドミントンにも山梨県にも縁のない子であり、かつ実際被告人宅にそのような賞状が飾ってあったという立証があれば、この一致は偶然とは考えられないので、Vの公判外供述をVの認識を示す非供述証拠とみることができるであろう。その要証事実は、VにはX宅内の様子を知る機会があったことである。そこからさらに、VはX宅に連れて行かれたのだろうという推論ができる。

　供述者の認識を推認するための供述は、しばしば後にみる現在の心理状態の供述と混同される。しかし、供述者の認識を推認するための供述は、非供述証拠であるのに対して、現在の心理状態の供述は明らかに供述証拠として使われるという違いがある。

　自白の信用性の徴表として、秘密の暴露という概念がある。最判昭57・1・28刑集36巻1号67頁（鹿児島夫婦殺害事件）は、秘密の暴露を「（自白の内容で）あらかじめ捜査官の知りえなかつた事項で捜査の結果客観的事実であると確認されたというもの」と定義している。たとえば、見つからなかった死体が、山中の自白どおりの場所に埋めてあったといったことである。このような秘密の暴露があると、供述者が真犯人だからこそ、その事実を知っていたという推論が成り立つ。この推論のための自白は供述者の認識を示す証拠だから、供述証拠ではない。秘密の暴露があると自白の信用性が増すのは、その自白が供述証拠と非供述証拠の両方の性格を併せ持つからだと理解できる。

　これをさらに発展させると、予言的な秘密の暴露というべき事例がある。現実に起きた犯罪と高度に符合するXの筆跡の犯行計画メモが発見されたような場合、Xが犯行を予見していたことが推認され、それが犯人性の情況証拠となる。これも非供述証拠である[5]。

【例題 12】X は、Y と共謀して、2023 年 5 月 8 日午前 11 時ころ、Y が V 宅に押し入り、V を縄で後ろ手に縛ったうえガムテープで口をふさいで、現金を奪ったという強盗の共同正犯の訴因について起訴された。X は共謀を否認している。検察官の主張によれば、事件当日午前 9 時に V 宅に銀行員を名乗る者から電話があり、必要があると V に信じさせて、V の住所、生年月日、夫と死別して一人暮らしであり、自宅に現金 500 万円があることなどを聞き出した。検察官は、X と Y 間の共謀の存在という立証趣旨で、X 宅で差し押さえた USB メモリーの中にあった文書を印字したメモの証拠調べを求めた。そのメモには、V の氏名、正確な住所と生年月日、夫と死別して一人暮らしであり、自宅に 500 万円の現金があることが、書かれている。また、「縄、後ろ手、ガムテープ」という記載がある。この文書ファイルは、2023 年 5 月 8 日午前 9 時 15 分に作られたことが分かっている。このメモは、伝聞証拠か？

【答え】これは、令和 3 年の司法試験出題のメモ 2 を簡潔にした設例である。USB メモリーの押収の状況から、X がこのメモの作成に関与したことが窺える。このメモには、V 宅で強盗事件が発生する前に V 宅に電話してきた者が聞き出した V の個人情報が正確に書いてある。その作成時刻から、事件当日午前 9 時過ぎの時点で、X がこのような情報を知っていたことが分かる。それは、当日朝、V 宅への不審な電話の段階から、X が本件犯行に関与していたことを推認させる。さらにメモの内容から、Y の犯行より前に、V と「ロープ」「後ろ手」「ガムテープ」とを結び付ける思考が X にあったことが分かる。後に、実際にそれに沿った手口の犯行があったので、これは予言的な秘密の暴露の一種であり、X の犯行計画への関与を推認させる。これらの推認過程は、いずれも供述証拠としての利用ではないから、伝聞証拠ではない。出題趣旨は、このような供述者の認識の証明のための利用の他に、このメモを犯行計画メモとみて、現在の心理状態の供述と理解する可能性も認めている。しかし、このような断片的な情報を羅列した文書を作成者の犯行計画を語る供述とみるのには無理がある。

　さらには、供述前に打合せをしていない数人の供述調書の内容が一致しているという事実は、そこから経験の共通性が推論できるから、非伝聞になる

5）　酒巻匡『刑事訴訟法〔第 2 版〕』（有斐閣、2020 年）552 頁。

とする説がある。これは、数人の供述者の認識の一致という事実が非供述証拠になり得るという考え方であろう。しかし、この場合、いずれの供述も伝聞証拠であって、それ以外に供述内容が真実であることを示す客観的な証拠はない。彼らが全員法廷で同じ経験を供述したら、確かにそれらの供述の証明力は互いに補強される。しかし、だからといってそれが供述証拠でなくなるわけではない。それらが公判外でされた供述なら、やはり伝聞証拠といわざるをえない[6]。伝聞証拠でもいくつかが重なれば非伝聞になるという議論は、伝聞証拠の定義に反する。

[6] 補助事実としての公判外供述

公判で供述する者が、同じ主題について公判外でも供述したことがある場合、公判外供述の存在自体が公判供述の信用性に関する補助事実となる例がある。これも、非供述証拠としての利用だから、伝聞証拠はならない。その典型例は、弾劾証拠としての自己矛盾供述である。同じ主題について同一人が明らかに矛盾する供述をした場合、どちらかは必ず事実に反するので、供述者の信頼性が減殺される。この推論は公判外供述の方が正しいという期待を前提としないので、非伝聞の用法である。この種の公判外供述の利用については、第13章で、さらに具体的に考える。

3 現在の心理状態の供述

供述者が供述時の自らの内心を述べる供述を現在（ないし供述時）の心理（ないし精神）状態（then-existing state of mind）の供述と呼ぶ。行動の計画、動機、意図、好悪の感情、痛みという身体感覚などを述べる供述がそれに当たる。連邦証拠規則803条(3)項は、これを供述者の公判での供述不能を要件としない伝聞例外として認めている。その理由は、これらの供述には、外界に対する知覚や記憶の過程がないので、誤りの危険が少ないうえに、内心

---

6) 仙台高判昭36・8・8刑集17巻7号1185頁（松川事件差戻控訴審）をそのような非伝聞説の裁判例として引用する文献がある。しかし、この判決は、供述調書の内容の一致を被告人と証人の公判供述の信用性の根拠として指摘しているので、刑訴法328条の適用例とみるべきである。

の状態という要証事実との関係ではもっとも直接的な証拠として有用性が高いからであろう。

　日本法には、これに当たる伝聞例外規定はない。そこで多数説は、これを非伝聞とする。本書の採用する定義を前提にすると、この非伝聞の意味は、定義上伝聞証拠に当たるけれど、伝聞証拠禁止原則を適用する必要がないので、適用対象外であるという意味に理解しなければならない。ただし、この場合も供述の真摯性が確認できることを証拠能力の条件とする説が多い。

【例題13】Xは、2023年10月31日の夜JR渋谷駅近くの路地で、Vに対して強盗をしたという訴因について起訴され、否認している。Vは公判で、「強盗犯人は、タイガーマスクの扮装をしていた」と証言した。さらに検察側証人Wは、次のような証言をした。「10月30日の夜Xと電話で話したとき、Xは『明日のハロウインは、タイガーマスクになって渋谷に行く』と言いました。」これは、伝聞証拠か？

【答え】W証言中のXの発言は、発言時の内心の計画を語る供述なので、現在の心理状態の供述に当たる。多数説に依れば、とくにふざけて語ったらしい事情がない限り、非伝聞となる。この場合、Xが計画どおりに行動した可能性があるという推認まで認めるのでなければ、心理状態の供述非伝聞論を採る意味はない。

　しかし、現在の心理状態の供述にも、供述証拠としての危険はある。とくに計画を語る供述については、供述者がその計画通りに行動したかどうかという問題が残る。それを一律に非伝聞として証拠能力を求めるのは、明文規定に拠らない伝聞例外を創り出すのに等しい。伝聞例外は限定列挙であるから、これは解釈論としては無理がある。現在の心理状態の供述は確かに誤りの危険が少ないので、刑訴法321条1項3号または322条1項の伝聞例外の要件に当たりやすいとはいえても、一律に非伝聞とするのは、解釈論の域を超えるであろう[7]。

　それでも、現在の多数説はこれを非伝聞とするので、この理論を適用する上での注意点を確認する。第1に、現在の心理状態の供述論は、解釈論としては基礎が弱いので、濫用を避けるべきである。安直にこの理論に頼るので

---

7)　現在の心理状態の供述を伝聞証拠とする学説として、堀江慎司「『心理状態の供述』について」『鈴木茂嗣先生古稀祝賀論文集下巻』（成文堂、2007年）451頁以下参照。

はなく、まずは非供述証拠としての利用あるいは伝聞例外規定の適用による採用可能性を追求するべきである。第2に、「現在」とは、原供述がされたときの意味である。過去の心理状態を述べる供述は記憶を介しているので、現在の心理状態の供述ではない。また、公判で原供述を再現する供述がされるときが「現在」ではない。第3に、現在の気持ちを述べているように見えても、その気持ちの原因である体験が要証事実となるときは、体験供述となるので、心理状態の供述には当たらない。たとえば、「昨夜、Xに腹を殴られたから、まだ痛い」というVの供述は、Xによる暴行の有無が争点になっている場面では、心理状態の供述ではない。

【例題14】XはVに対する不同意性交致死の訴因について起訴され、犯人であることを否認している。検察側証人Wは、公判で次のように証言した。「事件の少し前にVと話したとき、Vは『Xは私につきまとって待ち伏せしたりするので、大嫌いだ』と言いました。」現在の心理状態の供述非伝聞説に依るとき、この証言は非伝聞か？

【答え】Vの発言は、Xが嫌いだという気持ちを述べている。しかし、XがVに対する不同意性交罪の行為者かどうかが争点である場面では、その要証事実は、XがVにつきまとっていたことである。それが、Xに犯行の動機があったことを推認させる情況証拠となる。これはVが過去の体験を語る供述なので、心理状態の供述論に依って非伝聞とすることはできない。

　例題14は、最判昭30・12・9刑集9巻13号2699頁（「あの人は好かんわ」事件）[8]の事案を基にしている。最高裁は、心理状態の供述論に言及することなく、Wの証言を伝聞証拠とした。ただし、不同意性交の訴因に対して被告人が同意による性交渉だったと主張するような事案であれば、被告人が嫌いだという被害者の事件以前の発言は、心理状態の供述として意味を持ちうる。

【例題15】Xは、交際相手であったVから結婚を断られたため、逆上して

---

8) この判決は、伝聞性を説明するなかで、証人W自身がVと交際していて一時は犯人と疑われたという事情から、「右供述」の信用性は慎重に調査するべきだと説示している。しかし、W証言の信頼性は伝聞供述に特有な問題ではないので、この説示は論理が混乱している。刑訴321条1項3号準用のために重要なのは、そのような関係にあるWに対してVがXについて語るという場面が、特に供述を信用すべき情況かどうかの評価である。

Vを殺害したという殺人の訴因について起訴された。Xは犯行への関与を否認している。弁護側証人Wは公判期日に、次のような証言をした。「Vが殺される1週間前に会って話した。そのときVは私に『Xと結婚したいので、求婚を待っている』と話しました。」これに対して、検察官は、「異議あり。伝聞供述です。」と述べた。このWの証言に現れるVの発言は、現在の心理状態の供述か?

【答え】Xと結婚したいという意思がVにあったとすれば、検察官が主張する殺害動機は成り立たなくなる。この設例ではVの過去の体験ではなく、Xと結婚する意思があったことだけが要証事実となる。したがって、Vにとって現在の心理状態の供述に当たる。

4 | 共謀過程での発言・メモの扱い

共謀の形成過程での発言を発言者の計画を語る供述と見て、現在の心理状態の供述論によって非伝聞とする考え方がある。しかし、他者に犯行を持ちかける、あるいはそれに応じて犯行を相談するための発言を事実の存否を語る供述とみる必要はない。それは、犯罪の実行を謀議するという行動である。

【例題16】Xは、Yと共謀のうえVを殺害したという殺人の共同正犯の訴因について起訴され、犯行への関与を否認している。検察官の示した証明予定事実によれば、実行行為者はYで、Xは共謀共同正犯である。公判期日に検察側証人Zは、次のような証言をした。「2023年6月15日、X宅に集まったとき、XがYに対して『Vは、もう殺してもいいやつだ。一緒にやろう』と言いました。」これは伝聞証拠か?

【答え】Z証言に現れるXの発言は、V殺害の謀議であって、事実の存否を伝える供述ではないので、非伝聞である。

例題16は、最判昭38・10・17刑集17巻10号1795頁(白鳥事件上告審)の事案を分かりやすくした設例である。ただし、判例の事案で問題になった同じような発言は、共犯者とされた者の間での発言ではない[9]。おそらくはそれも影響して、この判例が採った非伝聞説を心理状態の供述論で説明する立場もある。しかし、この判例の「Xが右のような内容の発言をしたこと

---

9) 濱田毅「非伝聞の許容性と『要証事実』」同志社法学72巻7号(2021年)348頁。

自体を要証事実としている」という説示は、Xの発言は供述証拠ではないという意味に理解するのが自然である。判例は、この発言を仲間の中で犯行への機運を高めるための行動と捉えているとみるべきである。設例のような共謀を成立させるための発言を謀議行為とみる要証事実の捉え方は、共謀共同正犯の成立のためには、一定の謀議に加わることが必要だとした最大判昭33・5・28刑集12巻8号1718頁（練馬事件）の判例と対応する。近時有力な、共謀共同正犯の成立のためには謀議で主導的な役割を果たすことまたはそのほかの行為によって実行行為に準じる重要な因果的寄与が必要であるという理解を徹底するなら、被告人の謀議行為は罪となるべき事実を成す主要事実である。そうすると、謀議の一部である発言は、上記 **1** [1] あるいは **2** [1] の非伝聞類型の一例として理解することができる。謀議行為を主要事実とみない立場でも、少なくとも謀議行為は間接事実となる。XがV殺害の計画を持っていたことも、このような謀議行為という行動から推認できる。

　このような共謀形成過程での発言を供述証拠とみる現在の心理状態の供述論は、数人の間に意思連絡があってそのうちの誰かが犯罪を実行すれば全員が共同正犯となるという主観的共謀説に結びついている[10]。しかし、そのような共謀共同正犯の理解自体が妥当ではない[11]。

　犯行計画を書いたメモについても、現在の心理状態の供述として非伝聞となるという説が有力である。東京高判昭58・1・27判時1097号146頁（犯行計画メモ事件）もそのような理解に立つ。しかし、ここでも心理状態の供述論に頼る前に、まずは非供述証拠としての利用可能性を検討するべきである[12]。犯行計画メモが予言的な秘密の暴露として非供述証拠になる可能性は、上記 **2** [5] で既にみた。そのほかにも、メモの存在が謀議行為の痕跡として非供述証拠になる場合がある。

【例題 17】 Xは、Yと共謀のうえA銀行B支店で強盗をしたという訴因に

---

10)　このような対応関係について、堀江慎司「伝聞証拠の意義」『刑事訴訟法の争点』（有斐閣、2013年）168-169頁参照。

11)　詳しくは、後藤昭「訴因の記載方法から見た共謀共同正犯論」『村井敏邦先生古稀祝賀論文集人権の刑事法学』（日本評論社、2011年）453頁以下。

12)　堀江慎司「伝聞証拠の意義 —— 犯行計画メモの証拠能力」刑事法ジャーナル31号（2012年）40-41頁。

048

ついて起訴された。検察官の冒頭陳述によれば、実行行為者はYであり、Xは謀議で主導的な役割を果たしたとされる。Xは、共謀を否認した。検察官は、共謀を立証するために、Yが逮捕された際に持っていた鞄から押収されたメモの証拠調べを請求した。立証趣旨は、「Yが持っていたメモの存在と内容」である。そのメモには、レポート用紙に手書きの地図があり、A銀行B支店とP公園が示されている。P公園の南口に「×」印があり、「X車で待っている」という書き込みがある。先に有罪判決が確定したYは検察側証人となって、このメモを示されて、次のように証言した。「このメモは、犯行前にX宅で銀行強盗を相談したときに作ったものです。Xが地図と×印を書いて、『ここで、車で待っているから』と言いました。そこで私は、そこに『X、車で待っている』と書き込みました」なお、X宅では、このレポート用紙と同じ様式で同じ内容の筆圧痕のある用紙綴りが発見押収されている。このメモは伝聞証拠か？

【答え】このメモの内容、形状、X宅でのレポート用紙綴りの発見およびYの証言から、このメモは、XとYが訴因の銀行強盗を謀議するための手段となった物とみられる。その存在は、Yが証言したような謀議がXとYとの間で行われたことの痕跡だから、非供述証拠である。したがって、非伝聞である。

例題17は、平成18年の司法試験出題を簡単にした設例である。このようにメモの作成過程が具体的に分かる事例では、心理状態の供述論に頼る前に、まずは非供述証拠としての利用を考えるべきである。そして、このような謀議があったという事実から、XとYの意思連絡を推認することもできる。その上で、現在の心理状態の供述非伝聞説を採るなら、その立場から、このメモを内心の計画を語る供述とみる解釈もあり得る。その場合、作成経過から、このメモはXとYの共同作成とみることができるので、両者にとっての心理状態の供述とみることも可能であろう。それに対して、謀議の内容を後に1人の参加者が思い出して書いたメモであれば、心理状態の供述論に拠って採用できるのは、作成者の内心の計画を推認する限度である。他の謀議参加者の内心を推認しようとすれば、伝聞証拠にならざるをえない。

5 | 非伝聞の３段階

　以上に見たように、書面や公判外での発言が非伝聞となる事例には、次のような３段階の類型がある。①供述でないもの。②供述ではあるが供述証拠ではないもの。③供述証拠ではあるが、政策的な理由で伝聞証拠禁止原則の対象外とされるもの。多数説によれば、現在の心理状態の供述は、③の非伝聞に当たる。

　法廷で、書面あるいは供述に対して相手方が「不同意」あるいは「伝聞供述だから異議がある」と述べた場合、しばしば「書面（あるいは発言）の存在自体を立証する目的だから、伝聞証拠には当たらない」という反論がある。これは便利な反論なので、憶えておいてよい。

　しかし、これは十分な反論ではない。書面や公判外供述を伝聞証拠として使う場合でも、まずは書面あるいは供述の存在自体を立証することが出発点となる。したがって、その段階では伝聞・非伝聞の区別はできない。伝聞・非伝聞が分かれるのは、書面または供述があったと仮定して、そこから何を推論するかによる。そこから先に供述証拠としての推論があるかどうかによって、伝聞・非伝聞が分かれる。だから、このような反論に対して相手方は、さらに「書面（あるいは発言）があったとして、そこから何が分かるのか？」と反問するべきである。

【例題 18】 X は、V に対する傷害致死の訴因について起訴された。情状立証の段階で、検察官は、被害者遺族の下に集まった厳罰を求める多数の嘆願書の証拠調べを請求した。その立証趣旨は、「被害者遺族から任意提出を受けた嘆願書が 2,300 枚存在すること」である。厳罰を求める嘆願書が集まったことは、証人も証言していた。弁護人は、この嘆願書の証拠請求に対して伝聞証拠であるという異議を述べた。裁判所は、これを非伝聞証拠として採用してよいか？

【答え】例題 18 は、東京高判平 16・12・1 判時 1920 号 154 頁（厳罰嘆願書事件）の事例を基にしている。高裁は、「嘆願書の存在そのものに着目した前記の立証趣旨のもとでは、その真偽には直接の関わりがないので、本件で嘆願書が採用されて取り調べられても、直ちに伝聞法則の潜脱に当たるとすることはできない。」として訴訟手続の法令違反の控訴趣意を退けている。

　しかし、厳罰を求める嘆願書が多数あっても、嘆願者が事件の内容を理解

して真摯な判断で署名したのでなければ、一般情状として重要性を認めるべきではない。そのため、この嘆願書は、伝聞証拠と考えざるをえない。嘆願の真摯性が問題なので、現在の心理状態の供述論でも採用はできない。ただし、このような非定型な一般情状については、自由な証明で足りると考えることができる[13]。裁判所は非伝聞説ではなく、自由な証明論に依るべきであった。寛刑嘆願書の扱いも同様である。

　ある書面の「存在」だけが立証趣旨であれば非伝聞になり、「存在とその内容」であれば伝聞証拠となるというのも、ありがちな誤解である。書面の存在を要証事実とする場合でも、どのような内容の書面が存在するのかを見なければ有用な推認はできない。したがって、上のような立証趣旨の表現の違いに本質的な意味はない。伝聞、非伝聞を分けるのは、要証事実に照らして、その書面の内容を供述証拠として使うことになるかどうかである。

【例題19】Xは幼女Vを連れ出して殺害したという殺人の訴因について起訴され、否認している。公判前整理手続において、検察官は捜査段階である2023年2月20日付けXの検察官に対する供述調書で、自白を内容とするものの証拠調べを請求した。弁護人は、これに対して、「不同意。任意性を争う」という意見を述べた。検察官はさらに、勾留中のXが拘置所から自分の母親Mに送った2023年2月22日付けの手紙で、「事件を起こして迷惑をかけてしまい、済みません」と書いたものの証拠調べを求めた。その立証趣旨は「被告人から母親宛の手紙の存在」である。この手紙は、伝聞証拠か？

【答え】この手紙を有罪認定のために使うには、Xは手紙に書いたとおり「事件」を起こしたのであり、その事件とはV殺害を意味するという推論が必要である。これは、手紙を自白ないし不利益な事実の承認とみることに他ならない。それは供述代用書面であり、伝聞証拠である。この設例は、今市事件から示唆を受けている。同事件の第1審は、被告人の手紙を甲号証として採用した。それは非供述証拠という位置づけを意味する[14]。控訴審判決は、

---

13)　詳しくは、後藤昭「厳格な証明と自由な証明」『実務体系　現代の刑事弁護　第2巻　刑事弁護の現代的課題』（第一法規、2013年）259-263頁。

14)　被告人の供述代用書面は、乙号証として請求するのがふつうの実務運用である（113頁）。

この手紙を被告人が犯人であることの重要な間接事実とした[15]。しかし、その実質は自白としての証拠利用である[16]。

15) 東京高判平 30・8・3 判時 2389 号 3 頁。

16) 門野博「今市事件控訴審判決へのいくつかの疑問」判時 2389 号（2019 年）123 頁、福崎伸一郎「今市事件控訴審判決――自白をもって自白を補強することについて」判時 2400 号（2019 年）127 頁参照。

第4章

伝聞例外の体系

1 │ 伝聞例外を考える前に

　本章から、伝聞例外の解説に入る。その前に、2つの点を確認する。

[1] 伝聞例外と非伝聞の区別

　伝聞例外とは、刑訴法320条1項の適用を受けて証拠能力を否定されるはずの資料が、321条以下の例外規定によって再び証拠能力を付与されるものである。この伝聞例外と非伝聞とを混同してはいけない。非伝聞は、もともと1項の証拠能力否定の対象とならない証拠である。

[2] 伝聞禁止の包括的除外

　簡易な手続では、伝聞証拠禁止原則の適用が包括的に除外される。刑訴法320条2項本文は、291条の2の決定すなわち簡易公判手続による旨の決定があった事件の証拠については、「前項の規定は、これを適用しない」と定める。これは、簡易公判手続では伝聞証拠禁止の原則がないことを意味する。ただし、同項ただし書きは、当事者が「証拠とすることに異議を述べたものについては、この限りでない」とする。つまり、簡易公判手続でも、当事者が特定の伝聞証拠の採用に対する異議を述べたときは、その証拠に関する限りで320条1項の制限が復活する。その結果、その伝聞証拠は何らかの伝聞例外に当たらない限り採用できない。350条の27は、即決裁判手続による旨の決定があった事件での320条1項の適用について、簡易公判手続とまったく同じ扱いを定めている。

　これらの簡易な公判手続では、本来、伝聞証拠禁止原則の適用がない。そ

のため、弁護人が検察官請求の伝聞証拠の採用を争わない場合は、326条を前提とした「同意する」ではなく、「証拠採用に異議はない」と述べるのが正しい。当事者が多くの証拠あるいはもっとも重要な証拠について異議を述べた場合には、事実について重要な争いがあることになるから、簡易公判手続あるいは即決裁判手続によること自体が適切ではなくなる。

【例題1】Xは、Vに対する傷害の嫌疑について被疑者となった。Xは、即決裁判手続によることに同意する書面を検察官に提出した。検察官はXを起訴して、同時に即決裁判手続を申し立てた。弁護人LがXと話し合うと、Xは、次のように語った。「Vを殴ってけがをさせたのは事実なので、有罪は認めて、執行猶予判決をもらいたい。ただ、Vは、私のことを『いつも飲んだくれて仕事もしていないやつだ』と検事に話したらしい。それは全く嘘なので、そこは裁判所に出してほしくない。」Lが開示証拠を見ると、甲1号証としてVの検察官に対する供述調書があった。その第1項から4項までは、Xからの暴行による傷害の被害を述べる内容であり、最後の第5項は、Xがふだんから仕事もしないで酒ばかり飲んでいると、非難する内容になっている。Lは、公判で検察官の証拠請求に対してどのような意見を述べるべきか。

【答え】L弁護人は、次のような意見を述べるべきである。「甲1号証以外は、採用に異議はない。甲1号証については異議がある。ただし、そのうち第1項から4項までは、採用に同意する。」これを受けた検察官は、ふつう、V検面調書の第5項部分の請求を撤回するであろう。

　さらに簡略な略式手続（刑訴法461条以下）では、公判期日の審理がない。そのため、そもそも伝聞証拠禁止原則を適用する前提が欠ける。

2 ｜ 伝聞例外の体系

［1］ 伝聞例外の基本要件

　伝聞証拠禁止原則は、供述証拠の証明力判断を誤らないために、公判外供述の利用を禁止する。しかし、伝聞証拠であっても、個別に見ると危険性よりも事実認定のための有用性が優るものがあり得る。それらを一律に禁止すると、かえって正しい事実認定が難しくなる。そこで、それらを個別に拾い上げて証拠能力を復活させるのが、伝聞例外である。

このような伝聞例外を認めるためには、まず、ある要証事実について、当該伝聞証拠以外に利用できる証拠がないために、これを使う方が真実に即した事実認定が可能となるという状況が必要である。つまり、必要性の要件である。加えて、法廷での反対尋問による吟味を経ないでも当該伝聞証拠が誤った事実認定をもたらさないように、その公判外供述が生じた情況に照らして、正しい供述であることが期待できるという事情が必要である。これを信用性の情況的保障と呼ぶ。「情況的」保障と呼ぶ理由は、供述内容の信用性を個別に評価するのではなく、供述が生じた場面が類型的に正確な供述が期待できる場面かどうかに着目するからである。もし、供述内容の信用性を個別に評価するとすれば、それは証拠能力判断の前に、証明力評価を先取りしたうえで、遡って証拠能力を決めるという逆転が起きてしまう。

　伝聞例外を定める個々の条文の多くは、必要性と信用性の情況的保障という基本要件をそれぞれの公判外供述の性質に応じて具体化した要件を示している。

［2］伝聞例外の条文構成

　伝聞例外は、刑訴法321条から327条までに限定列挙されている。320条1項の文言とその後の条文の並びからは、328条も伝聞例外の1つのように見える。しかし、第13章で確認するとおり、これは非伝聞の確認規定であって、伝聞例外を創設する規定ではない。

　321条は、「被告人以外の者」の供述代用書面について、322条は被告人の供述代用書面について、それぞれが伝聞例外となる要件を示す。このような証拠法の文脈で「被告人」とは、当該証拠によって自身の罪責の有無を判断される者を指す[1]。Yの供述をXの罪責の認定のために使うのが、「被告人以外の者」の供述である。YがXの共犯者とされ、あるいはさらに共同被告人となっていても、ここでは「被告人以外の者」である。

【例題2】XとYは、共謀してVを恐喝して100万円を交付させたという訴因について起訴され、併合審理を受けている。被告人質問に対して、両名とも恐喝を否認する供述をした。検察官が、Yの捜査段階での検察官に対す

1）　これは、刑訴法319条1項の自白法則についても同様である。自白とは被告人が起訴された犯罪事実を認める供述であるから、Xの供述をXの罪責認定に使うのが自白である。

る供述調書の証拠調べを請求したのに対して、Xの弁護人もYの弁護人も「不同意」の意見を述べた。この供述調書が伝聞例外となるとすれば、根拠条文はどれか？

【答え】この調書をXに対する証拠として採用するためには、被告人以外の者の供述代用書面だから刑訴法321条、より細かくは同条1項2号が根拠条文となる[2]。この調書をYに対する証拠とするためには、被告人自身の供述代用書面だから、322条1項が根拠条文となる。

321条と322条の間にある、321条の2と321条の3は、いずれも供述のビデオ記録を公判での証人の主尋問の代わりに証拠とすることを一定の条件で許す伝聞例外である。これらは、伝聞例外の体系の中では321条1項の特則となる。

続く323条は、業務上定型的に作成される文書の伝聞例外を定める。324条は、供述代用書面ではなく伝聞供述の伝聞例外要件を定める。

325条は、「裁判所は、第321条から前条までの規定により証拠とすることができる書面又は供述であつても、あらかじめ、その書面に記載された供述又は公判準備若しくは公判期日における供述の内容となつた他の者の供述が任意にされたものかどうかを調査した後でなければ、これを証拠とすることができない。」と定める。この条文は、一般に、証拠として採用して取り調べるための条件を定めたものではなく、証拠評価のための条件であると考えられている[3]。そもそも、任意性のない供述が321条から324条までの伝聞例外に該当する事例自体が考えにくい。そのため、伝聞例外規定としてあまり重要ではない。

326条は当事者の同意に拠る伝聞証拠の採用可能性を定める。327条は、供述内容に関する双方当事者の合意に拠る供述代用書面の採用可能性を定める。これら2つの条文は、当事者の意思によって生じる伝聞例外である。

伝聞例外は、限定列挙である。そもそも原則に対する例外であるから、法は条件を限定しているはずである。連邦証拠規則には、伝聞例外の包括的受け皿条項（807条）があるのに対して、日本法にはそれに当たる一般条項はない。321条1項柱書きの「次に掲げる場合に限り、これを証拠とすること

---

[2] 最判昭28・6・19刑集7巻6号1342頁は、これを確認する。

[3] 最決昭54・10・16刑集33巻6号633頁。

ができる」という文言も、これが限定列挙であることを示している。

　ただし、判例はいくつかの場面で、類推ないし拡張的な解釈をしている。それについては、順次確認する。

[3] 刑訴法321条の構成

　以上の伝聞例外規定のなかで、もっとも広範囲にわたるのは、被告人以外の者の供述代用書面の例外要件を定める321条である。そこで、同条の内部の構成を確認する。

　まず、1項は被告人以外の者の供述代用書面一般を対象とするのに対して、2、3、4項は被告人以外の者の供述代用書面でも特殊な対象について特則を定める。

　1項の中で3号は被告人以外の者の供述代用書面一般についての規定であり、伝聞例外のもっとも基本的な定めである。1項1号は、裁判官の面前での供述録取書の特則であり、1項2号は検察官に対する供述録取書の特則である。

　2項は、被告人以外の者の公判準備もしくは公判期日における供述の記録、および裁判官または裁判所の検証の結果を記載した書面に関する特則である。3項は、捜査機関の行った検証の記録についての特則であり、4項は鑑定書についての特則である。

3 ｜ 刑訴法321条1項の伝聞例外

　以下、1項の伝聞例外の定めを具体的にみていく。ただし、1項2号の書面に関しては問題点が多いので、2号に特有の要件については、次章で改めて解説する。初めに各号に共通の要件の意味を確認してから、1号と3号それぞれに固有の要件をみる。

[1] 原供述者の署名・押印

　まず、1項柱書きは、次のように定める。「被告人以外の者が作成した供述書又はその者の供述を録取した書面で供述者の署名若しくは押印のあるものは、次に掲げる場合に限り、これを証拠とすることができる。」供述書と供述録取書の区別については、すでに第2章で解説した（020頁）。供述録取

書の典型は、捜査官が作る供述調書である。柱書きは1項全体について、供述録取書を伝聞例外とするためには、原供述者の署名または押印があることを条件としている。これは原供述の聴き取りと録取の過程を経ているために、本来は再伝聞証拠となる供述録取書を単純な伝聞証拠として扱うための法定の条件である。刑訴法198条5項・223条2項からわかるとおり、この場合の原供述者の署名・押印は、供述内容の正確性を誓約する意味ではなく、供述録取の正確性を認める意味である[4]。供述録取の正確性を原供述者の署名または押印以外の他の証拠によって認定して、供述調書を伝聞例外として採用することは認められていない。それに対して、供述書には形式的な条件として署名・押印は必要ではない。成立が争いになれば、何らかの方法で立証すれば足りる。録音・録画された供述を供述証拠として使う場合、供述は機械的に記録されるので再伝聞にはならない。そのため、原供述者の署名・押印は、不要である[5]。また、後に確認するとおり、本項1号の供述録取書については、署名・押印要件について特別な運用がある。

【例題3】Xは、Vに対する傷害の訴因について起訴され、事実を否認している。Vは、その後、病死している。検察官は、Vが書いたという陳述書で、Xから暴行され負傷したことを述べる内容の文書の証拠調べを請求した。弁護人は、これに対して「不同意」の意見を述べ、Vの署名も押印もないことを指摘した。裁判所が、この文書を刑訴法321条1項3号の伝聞例外として採用するために、Vの署名または押印は必要か？

【答え】これはVの供述書なので、成立すなわちたしかにVが書いたことが何らかの証拠で確認できれば、署名・押印がないことは、採用の妨げにはならない。最決昭29・11・25刑集8巻11号1888頁（署名のない被害陳述書事件）も、これを確認している。

【例題4】XはYと共謀して、Vを騙して現金100万円の交付を受けたという詐欺の訴因について起訴され、事実を否認している。Yは、所在不明となっている。検察官は、Yの司法警察員に対する供述調書で、訴因の事実を認める内容のものの証拠調べを請求した。弁護人は、これに対して「不同

---

[4] ただし、当然ながら、現実には原供述者の署名・押印があっても録取が正確でない事例はある。

[5] 大阪高判平17・6・28判タ1192号186頁（毒カレー事件）。

意」の意見を述べ、この調書に Y の署名も押印もないことを指摘した。検察官は、この調書を作成した際の取調べの状況を録音録画した記録があるので、それによって録取の正確性は立証できるから、刑訴法 321 条 1 項 3 号により調書を証拠採用するべきだと主張する。裁判所は、取調べの録音録画記録によって、録取の正確性を認定して調書を採用してもよいか？

【答え】その立証は、認められない。調書に Y の署名・押印がないということは、原供述者である Y 自身が録取の正確性を認めていないことを意味する。原供述者の署名・押印は、録取の正確性を推定するための法定条件であるから、他の証拠によって供述調書への録取の正確性を認定することはできない[6]。

[2] 供述不能

　321 条 1 項 1 号から 3 号までの伝聞例外には、いずれも「その供述者が死亡、精神若しくは身体の故障、所在不明若しくは国外にいるため公判準備若しくは公判期日において供述することができない」という要件が含まれている。これを供述不能要件と呼ぶ。原供述者から法廷で供述を得ることができないから、伝聞証拠を使う必要があるという要件である。

　原供述者が国外にいることが供述不能の原因とされているのは、外国には日本の裁判権が及ばないからである。つまり、たとえ裁判所が証人尋問を決定しても、法廷への出頭を強制する手段がないためである。したがって、本人が任意に来日あるいは帰日して証言する見込みがあるなら、供述不能ではない[7]。一般に、供述不能を理由として伝聞例外を認めるためには、証拠請求をする当事者および裁判所が、原供述者の公判供述を得るために合理的な努力をしても実現できない事情が必要である[8]。

【例題5】検察官は、X を V に対する強盗の訴因について起訴した。X は、自分は犯人ではないと主張している。検察官が V の検察官面前供述調書の

6）ただし、最近の実務の一部には、供述調書に原供述者の署名・押印がなくても、取調べの録音録画記録から録取の正確性を認定できるという考え方がある。

7）証人が刑訴法 164 条 1 項に拠って請求できる旅費の中には、海外からの渡航費も含まれ

8）2 号前段に関する東京高判昭 48・4・26 高刑集 26 巻 2 号 214 頁、広島高岡山支判平 27・3・18 高刑速（平 27）号 267 頁、LEX/DB 25447261 参照。

証拠調べを請求したのに対して、弁護人は「不同意」の意見を述べた。検察官は、Vが2年間の予定で韓国に留学中であることを理由に刑訴法321条1項2号前段に拠る証拠採用を求めたいと考えた。その前に検察官は何をするべきか？

【答え】検察官は、まずVと連絡を試みて、証言のために一時帰国するように働きかけるべきである。それが成功しなかった場合に、2号前段の適用を求めるべきである。

　ある時点では公判供述を得ることができなくても、時期を待てば公判供述を実現できる見込みが立つ場合もある。たとえば、病気から回復する、外国から帰国するなどの見込みである。このような場合、供述不能要件に当たるかどうか単純には決められない。反対尋問の機会を保障する利益と迅速な裁判を実現する利益との比較考量によって、伝聞例外の採否を考えなければならない。

【例題6】例題5の事案で、第1回公判期日は、2024年6月5日と指定されていた。検察官がVに一時帰国を打診したところ、同年9月中旬なら一時帰国できるという返事があった。この状況で、裁判所はVを供述不能と認めるべきか？

【答え】このような場面では、迅速な裁判の要求と被告人の反対尋問権の保障の比較考量が必要となる。事案は強盗という重い事件であり、被告人の主張は全面否認である。Vは、有罪立証のためにおそらくもっとも重要な証人である。第1回公判期日から証言実現までが3か月程度であれば、その間、先に別の証拠調べを先行させれば、大きな訴訟遅延は起きないであろう。この状況では、裁判所はXの反対尋問権の保障を優先させるべきであり、Vを供述不能と認めるべきではない。

　条文は、死亡、精神、身体の故障など、供述不能の原因を列挙している。判例は、この列挙を例示列挙とみて、他の原因による供述不能も認めている。その典型は、供述の拒絶である。証人が刑訴法上の証言拒絶権を援用して証言を拒んだ場合[9]に限らず、証言拒絶権を援用しない事実上の証言拒否[10]や

9）　最大判昭27・4・9刑集6巻4号584頁は、刑訴法147条に拠る証言拒絶を理由に、2号前段の適用を認めた。

10）　東京高判昭63・11・10判時1324号144頁。

共同被告人としての黙秘[11]も供述不能に当たるとする判例がある。証人が、記憶がなくなったために証言できないという場合も、供述不能とされている[12]。ただし、証人がいったん証言を拒絶しても、合理的な期間内に証言するに至る可能性があるなら、供述不能とはいえない[13]。性犯罪の被害者証人が法廷で泣き崩れて供述が得られないとき[14]、あるいは証言のための出頭を強制すると強い精神的不安定を生じるおそれがあるとき[15]に、供述不能と認めた裁判例がある。これらの場合には、証人への付き添い（刑訴法157条の4）、証人の遮へい（157条の5）やビデオリンク方式による尋問（157条の6）などの可能性を探ったうえでなければ、供述不能と認めることはできない。

供述不能要件の存在は、手続法上の事実であり、かつ公判外供述の証明力に関わらないから、自由な証明によって認定することができる[16]。

[3] 1号の伝聞例外

1項1号は、被告人以外の者の裁判官の面前における供述を録取した書面についての伝聞例外の要件を定める。必要性の要件は、原供述者の供述不能（前段）または「供述者が公判準備若しくは公判期日において前の供述と異つた供述をしたとき」（後段）である。同一人が異なる供述をしたことを理由に伝聞例外を認めるのは、両方の供述を比較して証明力を判断したいからである。ただし、1号後段の要件は、2号後段の「実質的に異なる」より広い。そのため、単に前の供述の方が公判供述より詳しいという程度でも、要件に当たる。条文の文言上、公判供述と異なる裁判官面前供述は、公判供述より前のものでなければならない。この制限によって、前の供述に対する（同時的ではないものの）事後的な反対尋問が可能となる。事実認定者は、その結果も考慮して、公判供述と前の供述のどちらが信用できるかを判断することになる。

---

11) 札幌高判昭25・7・10高刑集3巻2号303頁。

12) 最決昭29・7・29刑集8巻7号1217頁。

13) 東京高判平22・5・27高刑集63巻1号8頁、東京高判平30・3・30東高刑時報69巻1～12号36頁、LEX/DB 25562103。

14) 札幌高函館支判昭26・7・30高刑集4巻7号936頁。

15) 東京高判平20・8・20東高刑時報59巻1～12号74頁。

16) 大阪高判令2・8・20高刑速（令2）号408頁、LEX/DB 25591645。

1号前段でも後段でも信用性の情況的保障の要件は、条文には現れていない。裁判官面前供述は、典型的には宣誓のうえでの証人尋問として行わる。被告人質問などそれ以外の場面でも、対立当事者が反対質問などによって供述の信用性を争うことのできる場で供述がされる。このような供述採取過程の公正さが、信用性の情況的保障である。信用性の保障の観点から、1号の書面は宣誓をした証言の記録に限られるという説[17]もある。しかし、判例はそのような限定をしていない。

　1号に当たる書面には、次のようなものがある。①刑訴法226条・227条に拠る第1回公判期日前の検察官による証人尋問請求の結果としての証言記録、②179条に拠る証拠保全請求の結果としての証言記録、③他事件の公判での供述の記録。文言上は、被告人以外の者の勾留質問における供述の記録も1号に当たるように見える。しかし、勾留質問は宣誓を伴わないのはもちろん、反対尋問的な供述の吟味をする場でもないので、裁判官面前供述に含めるべきではないであろう。

　後に確認するとおり、同一被告事件の公判での供述の記録は本条2項の伝聞例外になるので、1項1号には含まれない（066頁）。

【例題7】Xは、Yと共謀してVを恐喝して100万円を交付させたという訴因について起訴された。Xは公判期日に被告人質問に答えて、訴因の事実を認める供述をした。Xに対する有罪判決が確定した後、YがVに対する同じ恐喝事件について起訴された。証人となったXは、Vに対する恐喝は自分ひとりでしたもので、Yは関係ないと証言した。検察官は、Xが起訴された事件でのXに対する被告人質問での供述の記録の証拠調べを請求したのに対して、弁護人は「不同意」の意見を述べた。この記録は、伝聞例外となるか？

【答え】Yの罪責の認定のために、他事件でのXの裁判官面前供述の記録を使うのだから、適用条文は321条1項1号である。Xは、Yの関与について「前の供述と異なる供述」をしているので、後段の要件に当たる。最決昭57・12・17刑集36巻12号1022頁（他事件公判の被告人供述記録事件）は、他事件公判での被告人としての供述のように宣誓をしていない供述の記録も本号に当たるとしている。

17）　平野龍一『刑事訴訟法』（有斐閣、1958年）208頁。

一般的な実務と通説は、1号では、原供述者の署名・押印の要件を緩和している。刑訴規則は、公判調書（刑訴規則45条）や速記録を引用した尋問調書（刑訴規則52条の5第1項）では、供述を録取する部分について、作成時に原供述者の署名・押印を求めることを不要としている。それでも録取の正確性は確保できるという判断である。このような書面については、伝聞例外要件としても原供述者の署名・押印を不要とするのが通説である。

[4] 3号の伝聞例外

　刑訴法321条1項3号は、被告人以外の者の供述代用書面であって、裁判官面前供述（1号）、検察官面前供述（2号）の録取書以外のものが伝聞例外となるための要件を定める。司法警察員に対する供述調書や、捜査官以外の者に対する供述録取書、手紙、手記、上申書、日記のような供述書一般がその対象となる。要件は、供述不能に加えて、「その供述が犯罪事実の存否の証明に欠くことができないものであるとき。但し、その供述が特に信用すべき情況の下にされたものであるときに限る。」となっている。3号は、被告人以外の者を原供述者とする伝聞供述の伝聞例外要件としても準用される（324条2項）ので、伝聞例外のもっとも基本的な条文である。

　ここでは、必要性要件は単なる供述不能ではなく、さらにその供述が「犯罪事実の存否の証明に欠くことができない」という不可欠性が条件となる。したがって、情状のみに関する供述はこれに当たらない。ただし、日本の裁判所は多くの証拠を見ようとするので、犯罪の成否要件に関する重要な証拠であれば、不可欠性要件は、やや緩やかに認める傾向がある[18]。犯罪事実の不存在を示す供述もこの要件に当たる。1号や2号のように同一人が異なる供述をしたことは、ここでは伝聞例外の根拠とならない。

　信用性の情況的保障の要件は、ただし書きに示されている。これを略して特信情況と呼ぶ。どんな場合に特信情況があるかは一概にはいえない。供述者の観察の条件、記憶の新鮮さ、利害関係の有無、供述の向けられた相手方、供述の自発性、誘導の有無などが考慮事項となる。供述内容が供述者自身にとって不利益な内容であることは、信用性の一要素となる。特信情況は、証拠能力の条件であるから、供述内容の信用性自体を先取り的に評価するので

18）　東京高判昭29・7・24高刑集7巻7号1105頁参照。

はない。ある情況で一定内容の供述をすることが、類型的に供述の信頼性の根拠になることが特信情況である。ただし、要証事実以外の部分で供述が客観的な事実と合致することが確認できれば、供述全体の信頼性を推認する1つの根拠となりうる。

　このように3号の伝聞例外は、①供述不能、②不可欠性、③特信情況の3要件を充たすことが必要である。

【例題8】警視庁の警察官は、Xがアメリカ合衆国に住む知人Yから入手することによってコカインを輸入したという嫌疑を持った。Yがアメリカから帰国する見込みはない。そこで、日本政府はアメリカ合衆国に捜査共助の要請をした。この要請に基づいて、ロスアンゼルスで、アメリカの捜査官と日本の検察官が公証人の面前で宣誓をしたYに黙秘権を告知した上で質問した。そこで、Yが真実であると言明して署名した宣誓供述書ができた。Xに対する被告事件の公判で、検察官はこの宣誓供述書の証拠調べを請求した。弁護人は「不同意」の意見を述べた。この書面は、伝聞例外となるか？

【答え】刑訴法321条1項3号の供述不能と不可欠性の要件はある。また、公証人の面前でした、アメリカ法上偽証の制裁を伴う宣誓供述書なので、特信情況も認められるであろう。この例題は、最決平12・10・31刑集54巻8号735頁（アメリカからの宣誓供述書事件）の事案を簡潔にしたものである。このように外国の司法機関または捜査機関に対する供述の記録を3号該当書面と認めた判例がいくつかある[19]。

【例題9】Xは、営利目的で覚醒剤を自宅に保管して所持したという訴因について起訴されて、事実を否認している。検察官はXの愛人Wの日記帳の証拠調べを請求した。Wは、すでに病死している。日記帳は、ボールペンで隙間なく書かれていて、Wの自宅の鍵をかけた引き出しの中にあった。その日記帳には、次のような事実が書いてある。①2023年6月10日にXの自宅マンションの引き出しから覚醒剤を発見したこと、②その際、Xはそれが覚醒剤であることを説明したこと、③6月12日に、渋谷区表参道のカルダン店で、33万円のドレスをXに買ってもらったこと。この買い物に

19）　東京高判昭61・5・16高刑集39巻2号37頁（ロッキード事件）、最決平15・11・26刑集57巻10号1057頁（韓国法廷での被告人供述事件）、最判平23・10・20刑集65巻7号999頁（中国での共犯者取調べ事件）。

ついては、カルダン店の販売記録から事実であることが確認できる。この日記帳に特信情況はあるか？

【答え】保管場所から、他人に見せることを想定しない日記だったと推認できる。また、ボールペンで隙間なく書いていることから、記憶の新鮮なうちに書いていると推認できる。愛人であるＸにとって不利な事実を書いている。また、買い物の記述については、客観的な証拠と符合している。このように、要証事実以外の周辺事実について正確に書いていることは、要証事実に関する記述も信用できる情況で書かれたと推認する１つの根拠となる。そのため、特信情況が認められるであろう。これは、第１章例題９（011頁）と同様平成20年の司法試験出題の事例を簡単にした設例である。

【例題10】中野工務店を営むＸは、2023年１月10日に高齢のＶ宅を訪れ、同宅の屋根に修繕を要する箇所はないのに「屋根裏の耐震金具に不具合があって至急修繕が必要です」と持ちかけ、その旨Ｖに誤信させて、同人から工事代金名下に現金100万円の交付を受けたという詐欺の訴因について起訴された。Ｘは、Ｖ宅を訪れたことも含めて否認している。検察官は、Ｖが書いたメモの証拠調べを請求した。そのメモにはＶの筆跡で、次のように書いてある。「1/10　今日10時、中野工務店と名乗る男性が来た。そのとき言われたこと。屋根裏の耐震金具に不具合があり、至急修繕しないと危険。今日中に払うなら、工事代金は100万円にまける。」立証趣旨は、「2023年１月10日のＶに対する被告人のメモ記載のとおりの言動」である。弁護人は、これに対して「不同意」の意見を述べた。Ｖは、2023年３月から脳卒中のため意識を失った状態が続いていて、回復の見込みがない。Ｖの息子Ｗは、検察側の証人となり、法廷で、このメモは2023年１月10日の夜、Ｖが自分の面前が書いたものであり、翌11日にＶと一緒に警察署に行って、被害の申告と同時に提出したものであることを証言した。他の証拠から、Ｖが１月10日に銀行預金から100万円を下ろしたことが分かっている。ＸとＶの会話に居合わせた者はいない。裁判所は、このメモを証拠採用するべきか？

【答え】このメモは、Ｘの欺く行為の証拠として関連性がある。そして、記載どおりの発言をＸがしたことが要証事実だから、刑訴法320条１項が禁じる伝聞証拠となる。これが伝聞例外となるためには、321条１項３号の要件を充たす必要がある。まず、Ｖの心身の状態から、公判で供述することはできない。Ｘの欺く行為について他に証拠はないので、犯罪事実の存在

の証明に不可欠である。そして、Ｖにとって非日常的な出来事について記憶の新鮮な当日に、息子Ｗの面前で書いたメモであり、翌日自ら警察にこれを提出している。Ｖにとって虚偽の事実を書く動機がない。さらに、Ｖによる預金引き出しという事実とも符合する内容であることから、特に信用すべき情況で書かれたと考えられる。したがって、裁判所はメモを証拠採用するべきである。この例題は、平成30年の司法試験出題の一部を分かりやすく変えた設例である。念のためにいえば、検察官はＶ宅の屋根が修繕を要する状態だったという推認を期待していないから、メモの内容であるＸの発言は供述証拠ではない。だからこのメモは、再伝聞証拠にはならない。だからといって、メモが伝聞証拠にならないという誤解に陥ってはいけない。

　特信情況は訴訟法上の要件なので、自由な証明によって認定できるという考え方が裁判実務では強い。しかし、特信情況に関わる事実、例えば供述者の利害関係は、この書面が伝聞例外として証拠採用された段階では、供述の信用性に関する補助事実となる。最判平18・11・7刑集60巻9号561頁（東住吉放火事件）は、自己矛盾供述という補助事実は厳格な証明を要するとした（187頁）。そうすると、補助事実一般について厳格な証明を要すると考えるのが一貫する。証拠能力判断の段階で供述者の利害関係などを自由な証明によって認定してしまうと、伝聞例外を認めた段階でその認定をどう扱うべきか分からなくなってしまう。このような矛盾を避けるために、特信情況に関わる事実にも厳格な証明を要求するべきである[20]。

4 ｜ 321条2項の伝聞例外

　刑訴法321条2項は、「被告人以外の者の公判準備若しくは公判期日における供述を録取した書面又は裁判所若しくは裁判官の検証の結果を記載した書面は、前項の規定にかかわらず、これを証拠とすることができる。」と定める。

　2項の前段が、無条件に伝聞例外を認めているのは、同じ被告事件の公判手続の中での供述の記録であり、供述時に反対尋問の機会が保障されている

20）　後藤昭「厳格な証明と自由な証明」『実務体系 現代の刑事弁護 第2巻 刑事弁護の現代的課題』（第一法規、2013年）263-265頁。

からである。公判準備における供述の記録を証拠調べするのは、事実認定の基礎となる証拠は口頭弁論において取調べたものでなければならないという直接主義の要求を充たすためである。本項に基づいて公判期日における供述の記録を証拠とする必要が生じるのは、裁判官（刑訴法 315 条）または裁判員（裁判員法 61 条）の交替のため公判手続を更新する場合である。この場合、本項および刑訴規則 213 条の 2 第 3 号に拠って、前の公判期日での供述の記録を証拠調べする。その後に有罪判決をするとき、判決理由の証拠の標目に挙げるのは、公判廷における供述ではなく、公判調書中の供述記載となる。刑事では、民訴法 249 条 3 項に相当する規定はないので、証人尋問を繰り返す必要はない。上訴審や差戻し審においても、前審の公判での供述の記録は本項に拠って証拠能力がある。

　他事件の公判での供述の記録は、本項ではなく 1 項 1 号の対象となる。ここは誤解が生じやすいので、注意すべきである。

【例題 11】X は、Y と共謀して V を恐喝して現金 10 万円を交付させたという恐喝の訴因について起訴された。この被告事件の公判期日に V は証人として尋問を受けて、X ともう 1 人の男から恐喝された旨の証言をした。X に対しては有罪判決が確定した。その後、検察官は Y をこの V に対する恐喝の訴因について起訴した。Y に対する被告事件の公判期日に再び証人となった V は、「私を恐喝した犯人は、X1 人だけだった」と証言した。この場合、X に対する被告事件公判での V の証言を記録した公判調書を証拠採用するとすれば、根拠条文は刑訴法 321 条 2 項か？

【答え】その供述記録は公判期日での供述ではあっても、他事件の公判での供述の記録であるから、2 項ではなく 1 項 1 号後段が根拠となる。

【例題 12】X は、V に対する不同意性交の訴因について起訴された。公判で、V はビデオリンク方式による証人尋問を受けて証言した。その後、判決前に裁判官が交替したので、公判手続の更新が必要となった。V の証人尋問の録音録画記録を含む公判調書を取調べた上で、当事者に V を尋問する機会を与える必要があるか？

【答え】これは、同一被告事件の公判での供述の記録である。刑訴法 321 条の 2 第 1 項の文言からもわかるとおり、この公判調書中の供述記録は同条ではなく 321 条 2 項に拠る伝聞例外となるので、321 条の 2 第 1 項が要求する補充的な尋問機会の付与は要件とならない。なお、この場合 321 条の 2 第 2

項の適用はないので、305 条 5 項ただし書きに拠り、録音録画記録媒体の再生に代えて、供述内容を告げる証拠調べの方法が可能である。

　裁判所または裁判官のした検証の記録を証拠とするのも、直接主義の要請を充たすためである。他の刑事事件や民事事件での裁判所の検証の記録がここに含まれるかどうかは争いがある。検証時に、被告人・弁護人の立会がないので、ここには含まれないという見解も有力である[21]。しかし、裁判所・裁判官の検証の記録は、刑訴法 321 条 3 項の検証調書の特則の対象になっていないので、2 項に含めないと適用すべき条文がなくなる。そのため、多数説は本条 2 項の対象に含めている。

　321 条 1 項 2 号の伝聞例外は、次章で考える。

21)　松尾浩也監修『条解刑事訴訟法〔第 5 版〕』（弘文堂、2022 年）939-940 頁。

第5章

伝聞例外としての検面調書

1 ｜ 2 号書面の伝聞例外

[1] 条文を読む

　刑訴法 321 条 1 項 2 号は、被告人以外の者の検察官に対する供述録取書で原供述者の署名または押印があるものを伝聞例外とするための要件を次のように定める。

　「検察官の面前における供述を録取した書面については、その供述者が死亡、精神若しくは身体の故障、所在不明若しくは国外にいるため公判準備若しくは公判期日において供述することができないとき、又は公判準備若しくは公判期日において前の供述と相反するか若しくは実質的に異なつた供述をしたとき。ただし、公判準備又は公判期日における供述よりも前の供述を信用すべき特別の情況の存するときに限る。」

　これは、検察官が参考人 W または被疑者 Y を取り調べて作成した供述調書を被告人 X の罪責の証明に使う場合の要件である。

　この条文の対象となる書面は、検察官面前供述調書である。それを略して、検察官調書あるいは検面調書と呼ぶ。実務では PS という呼び方もある[1]。この場面での「検察官」は刑事訴訟法上の役割を指す意味である。したがって、検察官事務取扱い検察事務官（検察庁法 36 条）が作成した供述調書も、この条文の対象である。

　2 号に拠る供述調書の採否は、裁判でしばしば重要な争点となる。刑事実務で単に「2 号書面」というときは、刑訴法 321 条 1 項 2 号に拠って伝聞例

---

1) それに対して司法警察員に対する供述調書を KS と呼ぶ。

外として提出される検面調書を指す。

[2] 条文の構造

　2号の要件は、前段と後段に別れる。前段は、原供述者の供述不能を理由とする伝聞例外である。後段は、検察官に対して供述した者が、公判でそれと相反する趣旨の供述をしたことを理由とする伝聞例外である。この後段にはさらに但し書きで加重的な要件がある。すなわち、「公判準備又は公判期日における供述よりも前の供述を信用すべき特別の情況の存するときに限る」という要件である。これは、公判供述と検察官調書となった供述（以下、検面供述という）が生じた情況を比較する要件であるから、相対的特信情況の要件と呼ぶのが分かりやすい。前段にはこのような要件がないことに注意するべきである。このように、前段と後段とは性格を異にする要件なので、2号の適用を論じる際には、常に前段の問題か後段の問題かを明確にして論じなければいけない。

[3] 3号との比較

　司法警察員が作成した被告人以外の者の供述調書の伝聞例外要件は、前章で確認した3号に従う。2号と3号の要件を比較すると、3つの大きな違いがある。①3号は供述不能の場合だけしか伝聞例外を許さないのに対して、2号は後段で相反供述の場合にも調書の採用を許す。②供述不能の場合、3号では不可欠性要件があるのに対して、2号前段にはそれがない。③3号では、絶対的特信情況[2]を要求しているのに対して、2号前段では、条文上、その要件がない。このように、刑訴法は検察官が作成した被告人以外の者の供述調書を特別に緩やかな条件で伝聞例外として許している。検察官が捜査段階で参考人や被疑者の取調べを熱心に行い、その結果としての供述調書が立証の手段として重要な機能をもっているのは、日本の刑事司法の重要な特色である。

　検察官には人に真実を語らせる特殊な能力があると、考えるべき根拠はない。刑法に通じた検察官の作る供述調書は有罪認定に使い易いからというよ

2）　3号の特信情況は、2号但し書きのような比較の要件ではないので、絶対的特信情況と呼んで区別すると分かりやすい。

うな、不公平な理由で伝聞例外を認めることもできない。立法者が上のように緩やかな条件で検面調書の証拠能力を認めるのは、公益の代表者である検察官（検察庁法4条）は原供述者が語ることをそのまま鵜呑みにして調書にまとめるのではなく、反対尋問に代わる質問もしつつ、他の客観的証拠との整合性も考えて、信頼できると判断した供述を選んで録取すると期待しているからであろう。条文が、検察官に対する供述一般ではなく録取書になった供述だけを対象にしているのは、それを表している。

　しかし、同時に検察官は訴追する役目の当事者である。一方当事者である検察官に、そのような客観性を期待することが可能かどうかという問題はある。だから、2号書面の採否がしばしば重要な争点となるのは必然的である。

［4］検察官による伝聞証言との比較

　2号の適用対象は、被告人以外の者の検察官に対する供述一般ではなく、調書に録取されて、原供述者が署名または押印をしたものに限られる。

【例題1】Xに対する傷害致死被告事件の捜査段階で、検察官P1は重要な目撃者Wを参考人として取調べた。P1は供述調書の草稿をWに読み聞かせたところ、Wは「内容に間違いはない。しかし、自分は法廷で証言したいので、調書に署名はしない」と署名を断った。公判段階で検察官P2はWの証人尋問を請求して、採用された。しかし、予定された尋問期日の前に、Wは交通事故で亡くなった。P1が、Wの供述内容を証言して証拠とするための要件は、どの条文に拠るか？

【答え】その要件は、刑訴法324条2項により準用される321条1項3号に拠る。321条1項2号前段ではない。したがって、Wの原供述に絶対的特信情況が必要である。

---

2 ｜ 2号前段の要件

［1］必要性

　2号前段の必要性要件は、原供述者の供述不能である。供述不能の意味は、前章で確認したとおりである。証人が一応の証言はできるものの、細部について記憶がなくなって検面供述のように話せないという場合、その個別の部分だけを取り出して2号前段を適用するのは適切ではない。証言を全体とし

てみて、後段の要件に当たるかどうかを考えるべきである[3]。その方が、但し書きの要件も付加されるので、証拠能力判断がより慎重になる。

いったん公判で趣旨 A の証言をした W を検察官が取り調べて趣旨 B の調書を作り、再度の証人尋問を請求して採用された後に、W が死亡した事例で、2 号前段の適用を認めた高裁判例がある[4]。趣旨 B については、供述不能に当たるという解釈である。

供述不能の原因が外国人に対する退去強制である場合には、特殊な問題がある。国が証人となるべき者を日本から強制的に出国させることによって、被告人から反対尋問の機会を奪う結果となるからである。最判平 7・6・20 刑集 49 巻 6 号 741 頁（参考人退去強制事件）は、検面調書の証拠請求が「手続的正義の観点から公正さを欠く」場合には、2 号前段に拠る採用が許されないことを示唆した。より具体的には、「検察官において当該外国人がいずれ国外に退去させられ公判準備又は公判期日に供述することができなくなることを認識しながら殊更そのような事態を利用しようとした場合」または「裁判官又は裁判所が当該外国人について証人尋問の決定をしているにもかかわらず強制送還が行われた場合」をその例として挙げている。これは、明文規定のない場面で、証拠禁止の可能性を示した重要な判例である。

ただし、この判例に従って証拠採用が禁止される事例は限られている。まず、参考人が退去強制されて証言できなくなる事態を検察官が殊更に利用しようとしたと認定できる事例は稀であろう。また、現在の出入国管理及び難民認定法では、外国人が裁判の証人となる予定であることを理由に在留資格を与えたり、あるいは退去強制の執行を停止するような制度はない。そのため、この判例の効果は、現行法制上可能な範囲内で、検察官、裁判所および入国管理局が証言実現のために努力することを求める趣旨に止まる[5]。

重要な証人予定者が公判証言前に退去強制されそうな場面で、証人尋問を実現する方法として、検察官の側からは刑訴法 226 条・227 条に拠る第 1 回公判期日前の証人尋問請求が、弁護人の側からは 179 条に拠る証拠保全としての証人尋問請求が考えられる。しかし、226 条・227 条は、公判期日での

---

3)　大阪高判昭 52・3・9 判時 869 号 111 頁。

4)　東京高判平 5・10・21 高刑集 46 巻 3 号 271 頁。

5)　東京高判平 20・10・16 高刑集 61 巻 4 号 1 頁。

証言ができなくなる見込みを請求の理由として挙げていない。これを厳格に適用すると、検察官からの請求は困難である。ただし、最近の実務では、このような状況で227条に拠る証人尋問請求を認める例が多い。立法論としては、このような理由による第1回公判期日前の証人尋問請求を可能とするとともに、検察官がその請求を怠ったときは、2号前段による検面調書の証拠請求を禁止するのが適切であろう。他方で、捜査段階で弁護人がついていたとしても、参考人が退去強制されそうだという状況を弁護人が把握できる保障はない。

【例題2】XはYとの共謀による、Vに対する傷害致死の被疑事実について、2023年6月3日に逮捕され、同月5日から勾留された。裁判官は同日、弁護士Lを国選弁護人として選任した。検察官は、同年6月12日にA国人であるYを取り調べて、調書を作成し、Yの署名を得た。その調書の中でYは、「自分はXがVに対して暴行した場面に居合わせたが、暴行はしていない。VからXあるいは自分への攻撃はなかった」と供述している。検察官は6月13日にXを起訴する一方、Yについては嫌疑不十分を理由に不起訴として、釈放した。同時に、Yは不法残留状態にあったので、検察官は、それを入国管理局に知らせた。8月7日の第1回公判前整理手続期日に検察官は、Y検面調書の証拠調べを請求した。L弁護人の「不同意」意見に対して、検察官は、次のように主張した。「Yは在留期間を徒過していたので、7月31日にA国へ退去強制された。5年間は日本に入国できないので、公判では供述不能であるから、2号前段に拠り検面調書を採用するべきである。」L弁護人は、次のように反論した。「本件では正当防衛を主張する予定なのでYは重要な証人である。検察官は、Yが不法残留状態にあるため、近く退去強制されることを予想していたにも拘わらず、Xにも、弁護人にもそれを知らせず、証拠保全としての証人尋問の機会を失わせた。Y検面調書の採用を求めることは、手続的正義に反する。」裁判所は、Y検面調書を採用するべきか？

【答え】検察官がYの退去強制の可能性についてL弁護人に伝えなかったために、弁護人からの証人尋問請求の機会を失わせたことを重視すれば、Y検面調書を採用するべきではないという判断になる。この例題は、調書採用を否定した東京地判平26・3・18判タ1401号373頁の事案を基にしている。

[2] 信用性の情況的保障

　2号前段の規定は、信用性の情況的保障に関わる要件を挙げていない。訴追当事者である検察官が録取した書面を信用性の情況的保障なしに採用するのは、憲法37条2項の証人審問権の保障に反するという学説も有力である[6]。そのような立場からは、2号前段にも特信情況の要件を加えて解釈するべきであると主張することになる。しかし、判例は、そのような解釈を採っていない[7]。但し書きを前段にも準用するべきだという説もある。しかし、公判供述がない前段では、相対的特信情況の要件は当てはめられない。

　信用性の情況的保障は、伝聞例外の原則的な要件であって、2号でも潜在的には要求されている。それでも立法者は、検面調書には特信情況があると推定したのであろう。だから、検察官は積極的に特信情況を立証する必要はない。しかし、この推定は、みなしではない。検面調書でも信用できない情況での供述であることが判明すれば、2号前段での採用はできない[8]。典型的には、供述者Yにとって任意性を欠く自白に当たるような共犯者供述をXに対する証拠としようとする場合が、それに当たる。

【**例題3**】楽園市市長であるXは、Yに市の広報誌印刷を発注するように取り計らうことを期待したYから、現金30万円の賄賂を受け取ったという訴因について起訴され、事実を否認している。Yは、捜査段階で贈賄を自白した後、起訴後の保釈中に自殺した。検察官は、Yの検察官に対する供述調書の証拠調べを請求した。弁護人は、「不同意」の意見を述べて、次のように主張した。「勾留中のYの取り調べにおいて、検察官は、『君が否認を続ければ、君の仕事を手伝っている奥さんも共犯の疑いが生じる。奥さんを逮捕して取り調べなければならなくなる』と脅かした。Yは妻の逮捕を恐れて、やむなく不本意な内容の調書に署名した。この経過は、Yが遺した被疑者ノートにも書いてある。その結果であるYの供述は虚偽供述と疑うべきであるから、調書を採用するべきではない。」弁護人が主張するような取り調べの経過があったことが認定できる場合、裁判所は、Yの検面調書

　6)　鈴木茂嗣『刑事訴訟法〔改訂版〕』（青林書院、1990年）207頁など。

　7)　大阪高判平1・11・10刑集49巻6号774頁など。

　8)　松尾浩也監修『条解刑事訴訟法〔第5版〕』（弘文堂、2022年）933-934頁、千葉地判平11・9・8判時1713号143頁（ロザール事件第1審）。

を証拠採用するべきか？

【答え】Y は死亡により供述不能であるので、Y 検面調書は形式的には刑訴法 321 条 1 項 2 号前段の要件に当たる。しかし、弁護人の主張するような取り調べの結果の供述であれば、信用できない情況でされた供述だから、2 号前段を適用して証拠採用するべきではない。

　2018 年 6 月から施行された協議合意制度の運用においても、2 号前段による検面調書採用の適否が争いになる可能性がある。

【例題 4】楽園市市長である X は、新幹線駅前の市有地を Y の経営する不動産会社に不当に安く譲渡する見返りに現金 500 万円の賄賂を受け取ったという加重収賄の訴因について起訴され、事実を否認している。Y は、捜査段階で検察官と協議して、取調べと証人尋問に対して真実を供述するのと引き替えに、Y については検察官が即決裁判手続を求めるという合意をしていた。検察官は Y の証人尋問を請求して採用された。しかし、公判期日に Y は、証言を拒否した。検察官は、Y の検面調書で、X への贈賄を認める内容のものの証拠採用を求めた。弁護人は、「不同意。証拠採用には異議がある」という意見を述べた。裁判所は、この調書を証拠採用するべきか？

【答え】Y は証言を拒否しているので、判例によれば供述不能に当たり、一応刑訴法 321 条 1 項 2 号前段の要件がある。しかし、Y の検面供述は、自分が即決裁判によって執行猶予判決を受けるという見返りの利益を期待してした供述である。しかも、証言を拒絶する Y の態度は、自分の供述に対する反対尋問に耐えられないという自覚を示唆している。350 条の 15 の虚偽供述罪の存在も、この供述の信用性を担保することはできない。このような供述は信用できない情況での供述であるから、2 号前段を適用して調書を採用するべきではない[9]。

3 ｜2 号後段の要件

[1] 必要性要件

　刑訴法 321 条 1 項 2 号後段の必要性要件は、供述者が公判で検面供述と

---

9) 詳しくは、後藤昭「2015 年刑訴改正法案における協議・合意制度」総合法律支援論叢 8 号（2016 年）1、10 頁。

「相反するか若しくは実質的に異なる供述をした」ことである。以下、これをまとめて相反性要件と呼ぶ。相反供述がある場合に伝聞例外を認めるのは、同じ供述者が重要な点で異なる供述をしているので、両方を実質証拠として採用して、信用性を比較検討するのが有益だという理由であろう[10]。

　しかし、証人が検察官の期待と異なる証言をした場合に、捜査段階で録取した検面調書を証拠として持ち出すことを可能とするこの条文は、検察官に強力な武器を与えている。事実に深刻な争いのある事件では、しばしばこの2号後段書面の採否が有罪・無罪を分ける分岐点となる。近年の有名な事件では、いわゆる郵便不正事件もその例である。この事件では、捜査段階で村木厚子被告から指示を受けて虚偽の証明書を作ったという趣旨の検面調書に署名していたＫが公判証言では村木被告から指示は受けなかったと供述した。検察官の2号後段によるＫ検面調書の採用請求を裁判所は相対的特信情況を否定して、許さなかった。それが無罪判決へつながった。

　1号が単に「異なる供述」としているのに比べると相反性要件はより厳格である。古い判例には、単に公判供述よりも検面供述の方が詳しいという理由で相反性を認めたように見えるものがある[11]。これは、検面調書を証拠とすることによって、異なる事実認定に至る可能性があるという意味に理解するべきである[12]。ただし、相反性要件は、自己矛盾よりも広い。

【例題5】Ｘは、バイクに乗って、ＶからハンドバッグをひったくってＶを負傷させたという強盗致傷の訴因について起訴され、事実を否認している。目撃者Ｗは、捜査段階で検察官に対して「犯人の乗っていたバイクのナンバーは、5982だった」と供述して調書に署名押印した。その番号は、Ｘの所有するバイクの車両番号と同じだった。弁護人が、この検面調書の証拠採用に同意しなかったので、検察官はＷの証人尋問を請求して、採用された。公判期日にＷは、目撃した事件の概要を証言したものの、「犯人が乗っていたバイクのナンバーまでは、今は思い出せない。ナンバーまで検察官に話し

---

10)　刑訴法300条は、321条1項2号後段により証拠能力のある検面調書について、検察官に証拠調べ請求義務を課している。ここからも、立法者が2号後段書面を重視していることが分かる。

11)　最決昭32・9・30刑集11巻9号2403頁（公判供述より詳しい検面調書事件）。

12)　より詳しくは、角田雄彦「刑訴法321条1項2号後段における『実質的に異なった』の意義」白鷗大学法科大学院紀要10号（2017年）137頁以下参照。

ていたなら、それは当時の記憶のとおりに語ったはずだ」と証言した。検察官が刑訴法 321 条 1 項 2 号を根拠に、改めて W 検面調書の証拠採用を求める場合、前段に拠るべきか、後段に拠るべきか？

【答え】W は目撃した事件の概要を証言できているので、2 号前段の供述不能には当たらない。W の公判証言は、自身の検面供述と矛盾はしないので、2 号後段の「相反する」供述には当たらない。しかし、X の犯人性を認定するうえで、犯人が乗っていたバイクの車両番号の供述があるかどうかは、重要な違いをもたらす。したがって、2 号後段の「実質的に異なる供述」に当たることを根拠として主張するべきである。

　但し書きの文言から分かるとおり、2 号後段の検面供述は、公判供述よりも前の供述でなければならない。このような制限の 1 つの理由は、前の供述であれば、法廷で事後的な反対尋問ができるからである。判例も、2 号後段が憲法 37 条 2 項に反しない理由の 1 つとして、法廷で供述者を尋問する機会があることを指摘している[13]。前の供述に限るもう 1 つの理由は、証言を聴いた後に、検察官が法廷外で証人に働きかけて供述を変えさせようとするのは、公判中心主義に反するからである。

【例題 6】X は V に対する傷害の訴因について起訴され、事実を否認している。検察側証人となった W は、「V が襲われるのを目撃した。しかし犯人が X だったかどうかは良く分からない」と証言した。その後、検察官は W を取り調べて、「V を襲った犯人は X だった」という趣旨の供述調書に署名押印を得た。検察官は再び W の証人尋問を請求して採用された。しかし、W は、前回と同様の証言をした。検察官は上の検面調書を 2 号後段に拠って採用することを求めた。この場合、2 号後段の相反供述の要件はあるか？

【答え】判例は、これと似た事案で、このような検察官の対応が「公判中心主義の見地から好ましいことではない」と指摘しながら、W の 2 回目の証言との関係で、検面供述が「前の供述」に当たることを認めた[14]。しかしこのような扱いは、法廷での反対尋問ではなく、検察庁の取調べ室で供述を変えさせることを認めることになるので、疑問がある。

　公判での異なる供述は、典型的には証言である。その他に、併合審理され

13）　最判昭 30・11・29 刑集 9 巻 12 号 2524 頁（2 号後段合憲判決事件）。

14）　最決昭 58・6・30 刑集 37 巻 5 号 592 頁（証言間の検面調書事件）。

ている相被告人の法廷での被告人質問に対する供述も、この相反供述になりうると考えられている。古い判例には、罪状認否の際の否認陳述もこの相反供述になるとしたものがある[15]。しかし、罪状認否は前の供述について相被告人から反対質問ができる場面ではないので、この扱いは疑問である。

東京高判昭30・6・8高刑集8巻4号623頁（反対尋問での相反供述事件）は、反対尋問の結果生じた供述も、2号後段の相反供述に当たるとした。現在でもそれが裁判実務の一般的な理解であろう[16]。それを弁護人の立場から見ると、法廷での反対尋問が劇的に成功すると、かえって検面調書が証拠として復活する結果となる。

【例題7】Xは、Vに対する恐喝の訴因について起訴され、事実を争っている。Vは検面調書で、Xから脅されて怖かったので、現金100万円を渡したと供述していた。そして、法廷での検察官の主尋問に対しても同じ趣旨の供述をした。しかし、弁護人からの反対尋問の結果それを覆して、Xから脅されたからではなく、年1割の利息を付けて返すというので、儲かると思って100万円を貸したと、認めた。検察官は再主尋問で、検面供述を指摘して証言を元に戻そうと試みた。しかし、VはXに脅されたわけではないという証言を変えなかった。これは2号後段の相反供述に当たるか？

【答え】上の高裁判例に従えば、この場合も相反供述に当たることになる。しかし、相反供述が生じた場合に検面調書の伝聞例外を認めるのは、同一人の相反する供述を比較してどちらが信用できるかを比較検討するためである。この設例では、Xから恐喝されたため金を渡したという趣旨の供述は、主尋問で法廷に顕れている。それが反対尋問で覆されたとしても主尋問での証言には証拠能力があるから、裁判所は同じVの相反する趣旨の証言のどちらが信用できるかを自由心証によって比較することができる。そのために検面調書を採用する必要はない。このような場合に2号後段を適用するのは、必要性のない伝聞例外を認めることになるので、誤っている[17]。

---

15) 最決昭35・7・26刑集14巻10号1307頁（共同被告人の否認答弁事件）。

16) 石井一正『実務刑事証拠法〔第5版〕』（判例タイムズ社、2011年）168-169頁。

17) 上口裕『刑事訴訟法〔第5版〕』（成文堂、2021年）376頁、小幡雅二「裁判員裁判に残された課題——2号書面問題を中心に」筑波ロー・ジャーナル5号（2009年）75、91頁など。

相反供述を理由に2号後段で採用できるのは、調書単位か、それとも相反部分に限られるかという問題がある。両方の趣旨の高裁判例があって[18]、判例は一致していない。1通の検面調書の一部分と相反する公判供述があったからといって、他の部分を含む調書全体を伝聞例外として採用する必要はない。ただし、相反部分の意味を理解するのに必要な範囲までは、伝聞例外とする理由がある。

[2] 採用の手順

　実際の裁判で、検察官が2号後段による検面調書の採用を求めるに至る典型的な手続経過は、次のようなものである。①検察官がWの検面調書を証拠請求する。→②弁護人が「不同意」意見を述べる。→③検察官はWの証人尋問を請求して採用される。→④証人となったWが、検面供述と重要な点で相反する証言をする。→⑤検察官は、検面供述を指摘して、証言を修正させようと尋問する。→⑥それでも、証言は変わらない。→⑦そこで検察官は、改めて2号後段による検面調書の採用を求める。

　証人が検面調書と相反する供述をしたからといって、検察官が直ちに2号後段による調書の採用を求めるのは適切ではない。検察官は、まず検面供述を指摘して、証言を修正させることを試みる。この場面では、刑訴規則199条の3第3項6号に拠り、主尋問でも誘導尋問ができる（ただし、同条4項により、調書を朗読することは許されない）。それでも証言が変わらないときには、検察官は供述が変わった理由を明らかにするための尋問をするであろう。それは相対的特信情況の立証という意味も持つ。相反供述の方が被告人にとって有利な場合、弁護人は、検面供述が誤りで、法廷での証言が正しいことを示すための反対尋問をするであろう。これは、検面供述に対する事後的な反対尋問であるとともに、相対的特信情況に対する反証という意味を持つ。このような尋問の後に、検察官は2号後段に拠る調書の採用を求めることになる。

【例題8】XはVに対する傷害致死の訴因について起訴され、事実を争っている。公判で、検察側証人Wは「自分はVが襲われるところを見た。犯人

18）　調書単位説の判例として、東京高判平17・6・15高刑速（平17）号140頁、LEX/DB 28115399。相反部分限定説の判例として、大阪高判平10・12・9判タ1063号272頁。

の背格好はXと似ている。しかし、顔がXだったかどうかまでははっきり言えない」と証言した。その場で、検察官は、捜査段階でのWの検察官に対する供述内容には触れないまま尋問を終わった。次の公判期日に、検察官は、刑訴法321条1項2号後段に拠り、Wの捜査段階での検面調書の採用を求めた。その調書には、「私は、Vを襲った犯人の顔も見た。それはXとそっくりだ。」という趣旨の供述があるので、相反性があると検察官は主張した。裁判所は、この調書を採用してよいか？

【答え】証人尋問の際に検察官が検面供述について尋問しないまま、後の期日に2号後段書面としての採用を求めるのは、事後的な反対尋問の機会を失わせるので、適切ではない。したがって、採用するべきではない。証人尋問の後の期日に2号後段書面の証拠請求を採用して取り調べても違法ではないとした判例がある[19]。しかし、それは証人尋問の際に検面供述について反対尋問がされていたと認定された事案である。

[3] 相対的特信情況

　2号後段に拠って検面調書が採用できるのは、但し書きにより、「公判準備又は公判期日における供述よりも前の供述を信用すべき特別の情況の存するときに限る」。これが2号後段での信用性の情況的保障に関する要件である。これは相対的な判断なので、検面供述の信用性を高める情況だけではなく、公判供述の信用性を下げる情況も考慮要素となる。その種の事情としてしばしば検察官が主張するのは、検面供述時の方が記憶が新鮮で、公判供述時にはそれが薄れた、あるいは法廷では被告人もしくは特定の傍聴人を前にしているので、率直に供述しにくいなどの事情である。ただし、捜査段階より公判段階の方が事件から長い時間を経ていることや、法廷に被告人がいること自体はふつうの状態なので、それだけでは「特別の情況」とはいえない。記憶の減退が顕著であるとか、被告人と証人との関係が特殊であって、被告人からの心理的圧迫が、被告人の一時退廷（刑訴法304条の2）や遮蔽（刑訴法157条の5第1項）などの措置によっても解消できないという事情が必要である。

　相対的特信情況は、証拠能力の要件であり、また信用性の情況的保障のた

---

19)　最判昭30・1・11刑集9巻1号14頁（検面調書内容参照事件）。

めの要件である。したがって、2つの供述内容の信用性そのものを比較するのではなく、2つの供述が生じた情況（外部的付随事情ともいう）を比較するべきである。そうしないと、証明力判断を先取りして証拠能力を判断する結果となってしまう。

　ただし、判例は、相対的特信情況の判断において、検面調書の内容を参照することを許している[20]。そのため、実務では、検面供述の方が理路整然としていて筋が通っているとか、他の証拠と良く符合するといった理由で相対的特信情況を認める例が少なくない。それは、証明力判断の先取りになっているおそれがある。検面調書は、物語風の独白体にまとめてあるので、理路整然としているのがふつうである。そこで学説は、供述の外部的付随事情を推知する手がかりとする限りで、供述の内容を参照することができるとも説明する[21]。しかし、その具体的な意味は、明確ではない。

　この場面で検面供述の内容を参照する方法には、いろいろなものが考えられる。例えば、①検面供述の方が内容が合理的なので信用できる、②検面供述の方が供述者自身に取って不利益な内容であるといった判断がある。このうちで①は、証明力評価の先取りである。それに対して②は、自らに不利な事実をあえて述べるのは信用できるという経験則による類型的な判断なので、相対的特信情況の要素として考慮できるであろう。

【例題9】Xは、株式会社青空商事の経理部長であったとき、部下であったYと共謀して、ほしいままに会社の預金口座から300万円を引き出して着服横領したという業務上横領の訴因について起訴され、事実を否認している。Yも起訴されたが、事実を認めてほぼ被害弁償もしたので、刑の全部の執行を猶予する判決を受け、確定した。その後、被告人Xに対する公判で検察側証人となったYは、「会社の口座から300万円を引き出したのは、自分の判断でしたことであり、Xから指示を受けた訳ではない」旨の証言をした。検察官は、捜査段階でのYの検面調書では「Xから指示されて、会社の口座から300万円を引き出した」と述べていることを指摘してさらに尋問したが、証言は変わらなかった。弁護人は反対尋問で、なぜ前は、Xからの指示を受けたと供述したのかと訊いた。Yは、「それは、自分の罪をなる

---

20)　前掲注19）最判昭30・1・11。

21)　田口守一『刑事訴訟法〔第7版〕』（弘文堂、2017年）433頁など。

第5章　伝聞例外としての検面調書　081

べく軽くしたかったからです」と答えた。検察官は、Y検面調書を刑訴法321条1項2号後段に拠り証拠採用することを求めた。弁護人の立場で、相対的特信情況を否定する主張の要点は何か？

【答え】弁護人としては、次の点を指摘するべきである。Yの捜査段階での供述時には、Xに責任を転嫁することで自分の犯情を軽く見せたいという動機があった。それは法廷でY自身が認めているし、当時のYの立場では自然な感情である。それに対して、Y自身に対する判決が確定した現在は、そのような動機がなくなったので、宣誓に従って真実を証言しているとみるのが自然である。

　検面供述と公判証言を比べると、検面供述の方が、他の有力な証拠と良く符合するという事情が、相対的特信情況の積極要素とされる例も多い。しかし、他の証拠と合致する部分が検面調書の主要な要証事実そのものである場合には、このような判断は証明力判断の先取りになってしまう。それに対して、他の証拠と合致する部分が主要な要証事実ではない周辺的な事実である場合には、それが主要な要証事実に関する供述も信用できることを示す情況証拠になるので、相対的特信情況の積極要素として考慮できるであろう。

【例題10】暴力団の組長Xは、配下の組員Yに命じて、対立する組の幹部Vをけん銃で殺害させたという殺人の共同正犯の訴因について起訴され、共謀を否認している。Yは、検察官の取調べに対して、X宅でXから命じられて、後にVをけん銃で射殺したこと、そのけん銃は組の武器調達係であるZから渡された物であることなどを認めて、調書に署名している。しかし、Xに対する公判期日に検察側証人となったYは、次のような証言をした。「V殺害は、自分の器量で行ったことであり、Xから命じられたことはない。使ったけん銃は、通称チャカ屋と呼ばれている外国人の男から調達した物だ。その男が今どこにいるかは分からない。」検察官はYの検面供述も指摘して尋問をしたが、Yの証言は変わらなかった。そこで、検察官は、Yの検面調書を刑訴法321条1項2号後段に拠り採用することを求めた。そして、相対的特信情況を示す理由として、①すでに証人Wが、「XがYを自宅に呼んでVの殺害を命じた場面に自分もいた」と証言している、また②Zが証人として「自分は、Xの指示を受けて、Yにけん銃を渡した」旨を証言していることを指摘した。裁判所が、Y検面供述はこれらの証言と合致するから、相対的特信情況があると判断するのは適切か？

【答え】W証言の内容は、検察官がY検面調書によって証明しようとする主要な要証事実そのものであるから、検面調書がそれと一致するから信用できるというのは、証明力判断の先取りである。それは相対的特信情況の根拠として、適切ではない。それに対して、Zの証言内容は、XからのV殺害命令という主要な要証事実そのものではない。Y検面調書の内容がZ証言と符合することは、相対的特信情況の積極要素として考慮できる。

【例題11】例題10の事例で、Yがこの調書の中で「X組長には義理があるので、法廷で組長の前では本当のことは言えません」と述べていたとする。裁判所は、調書のこの部分を、相対的特信情況の積極要素として考慮するべきか？

【答え】Yが調書の中でそのように述べているから、組長Xを前にした法廷では本当のことを言えないのだろうと推認するのは、伝聞証拠としての利用になる。相対的特信情況は訴訟法的事実だから自由な証明で足りるという裁判実務の通説[22]を前提にすれば、このような推認によって、相対的特信情況を認定できることになる。しかし、伝聞例外要件としての信用性の情況的保障に関する事実は、公判外供述が伝聞例外として採用された段階では、その信用性に関する補助事実となる。第4章で、3号の絶対的特信情況について述べた（065頁）のと同様に、相対的特信情況の存否判断も厳格な証明に拠るべきである。厳格な証明論を採るなら、上のような伝聞証拠になる推認はできない。

　相対的特信情況を判断するために、取調べをした検察官を証人尋問することもある。今後は、取調べのビデオ記録をこの目的で調べる可能性もある。

　条文の文言が示すとおり、相対的特信情況は「特別な情況」でなければならない。法廷で（証人であれば宣誓の上で）反対尋問に耐えた供述こそ信用できるという伝聞証拠禁止原則が拠って立つ経験則が基本にある。したがって、この比較は平衡状態からの比較ではなく、公判供述の方がより信用すべき情況があるという推定から出発して、それを逆転させるに足りる事情があるかどうかという判断をするべきである。しかし、現実の裁判所の判断では、検面供述の信用性を疑わせる不当な取調べの情況が認定されないと、相対的特信情況はなかなか否定されない[23]。

22）　松尾浩也監修・前掲注8）936頁。

裁判所が相対的特信情況を認定して検面調書を証拠採用しても、それは証拠能力を認めたに止まる。最終的な事実認定で、やはり公判供述の方が信用できると判断する自由は残っている。ただし、そのような判決が少ないのは自然である。

4 ｜ 2 号書面の位置

　真剣に事実を争う刑事事件では、弁護人は、2号書面の登場を覚悟しなければならない。従来、刑事弁護人は、裁判所が相対的特信情況を簡単に認めすぎるという不満をもつことが多かった。実際、2号後段書面の請求を却下した経験がほとんどないと語る裁判官もいた。2号後段書面をしばしば採用する実務運用は、日本の刑事裁判が「調書裁判」と批判される理由の1つであった。

　そのような運用になる原因が、2号の構造の中に隠れている。2号前段は特信情況を要求していない。それは、検面調書には特信情況があるという立法者の推定を表している。そうであれば、後段で「特別の情況」を要求しても、検面調書も公判供述とほぼ同等に信用できるという推定が出発点になってしまう。つまり、前段の思想が但し書き適用の判断を引っ張るので、相対的特信情況の例外性が曖昧になる。このように考えると、2号の前段と後段とは、思想において一貫していないことが分かる。

　裁判員裁判が始まってから、裁判所も口頭主義、直接主義の徹底を目指すようになった。その結果、法廷での尋問を重視し、2号後段書面の採用は「最後の手段」だとも言われるようになった[24]。実際に、検察官が2号後段書面を提出する事例は減っているという見方もある。しかし、「取調べ及び供述調書に過度に依存した」[25]刑事司法からの脱却を目指した2016年の刑訴法改正も、伝聞例外の条文には触れていない。2号の要件に関する判例も、

---

23)　一例として、上記郵便不正事件における証拠決定である大阪地決平22・5・26 LEX/DB 25442490 参照。

24)　伊藤雅人「刑訴法321条1項2号書面の請求と訴訟活動」松尾浩也・岩瀬徹編『実例刑事訴訟法Ⅲ』（青林書院、2012年）41、46頁。

25)　法務大臣諮問第92号。

今のところ変わっていない。

　訴追当事者である検察官がまとめた供述調書の証拠利用を特に緩やかな条件で許すのは、日本の刑事司法の大きな特色である。2号書面の扱いの実務が今後どうなるかは、日本の刑事裁判の動向を見るために注目すべき点である。

第6章

検証調書の伝聞例外

1 | 条文を読む

　刑訴法321条3項は、次のように定める。「検察官、検察事務官又は司法警察職員の検証の結果を記載した書面は、その供述者が公判期日において証人として尋問を受け、その真正に作成されたものであることを供述したときは、第1項の規定にかかわらず、これを証拠とすることができる。」これは、捜査機関が行った検証の結果を記録した書面すなわち検証調書について、特殊な伝聞例外要件を定める条文である。

　検証調書は、検証実施者が対象を観察して得た情報を記載して、裁判所などに報告するための書面である。それは作成者の供述書に当たる。そして検証調書を証拠とする場面のほとんどは、検証対象の状況が作成者の報告しているとおりであったことを要証事実とする。したがって、検証調書は供述代用書面であり、伝聞証拠となる。

　3項の伝聞例外規定の特色は、書面の作成者が法廷で証言することが条件になっていることである。この証言を以下、真正作成証言と呼ぶ。つまり、供述者が真正作成証言に際して書面の内容について事後的な反対尋問を受けることを条件として、以前の供述書の証拠能力を認めるという構造である。

　法がこのような伝聞例外を認める趣旨は、①検証結果は、検証実施者が記憶に頼って証言するよりも、検証直後に書面に記載したものの方が、正確さを期待できる、②検証結果はしばしば図面や写真を用いて報告されるので、書面の方が分かりやすい、③内容の信頼性について、事後的な反対尋問の機会を設ければ、証明力は吟味できる、という理由によるのであろう。ここでは作成者の供述不能は要件ではない。伝聞例外の必要性に関わる考慮は①と

②であり、信用性の情況的保障の根拠は①と③である。検証調書中の図面や写真も言葉での報告を補う資料であるから、検証調書の一部として、3項の伝聞例外により証拠となる[1]。

このような立法趣旨から考えて、検証の実施者と検証調書の作成者は同一でなければならない。もちろん、検証の実施のために補助者の助力を用いることは可能である。

2 │ 3 項の適用対象

[1] 実況見分調書

　刑訴法 321 条 3 項の条文は、「検証」という語を用いている。128 条や 218 条 1 項に顕れるとおり、刑訴法は「検証」を強制処分の一種としている。捜査法の文脈では、任意捜査として行う実況見分は、検証ではない。このような刑訴法の用語法からみると、立法者の意図は、実況見分調書を「検証の結果を記載した書面」に含めてはいなかったであろう。検証は、原則として令状を取得して強制処分として行うことから、観察と記録もより慎重になるから実況見分とは異なるという意識があったのであろう。

　しかし、判例は早くから実況見分調書も 3 項の書面に含まれるという立場をとっている[2]。その実質的な理由は、検証も実況見分も、実際に行う作業は同じなので、上記 1 に挙げた①〜③の理由は、実況見分調書にも同じように当てはまるという判断である。実務では、この条文が適用される事例の多くが実況見分調書である。この判例は強固なので、以下ではこの判例法理を前提として解説する。

【例題 1】 X は、乗用車を運転中に、信号機のある交差点を右折しようとして、反対方向から自動二輪車で直進してきた V と衝突して、V に怪我をさせたという過失運転致傷の訴因について起訴された。検察官は、「現場の状況」という立証趣旨で、司法警察員 K 警部が現場交差点を実況見分した実況見分調書の証拠調べを請求した。それに対して、弁護人は、「不同意」の

---

1)　ただし、供述としての動作を撮影した写真については再伝聞の問題が起きる。これについては次章で検討する。

2)　最判昭 35・9・8 刑集 14 巻 11 号 1437 頁（実況見分調書事件）など。

意見を述べた。検察官は、どうするべきか？

【答え】現場の状況を要証事実として実況見分調書を用いることは、Kの供述代用書面になるから、刑訴法 320 条 1 項が禁止する伝聞証拠となる。しかし、判例に依れば、実況見分調書も刑訴法 321 条 3 項の対象となる。したがって、検察官は、伝聞例外の要件を充たすために、K 警部の証人尋問を請求して真正作成証言をさせるべきである。

　判例は、3 項の検証調書に含めるという解釈を「実況見分調書」という表題の文書に限らず、捜査官が対象の状態を観察して結果を記録した書面一般に適用している。たとえば、警察犬による臭気選別結果の報告書に 3 項に拠る証拠能力を認めている[3]。

【例題 2】X は、呼気 1 リットルにつき 0.25 ミリグラム以上のアルコールを身体に保有し、その影響により正常な運転ができないおそれがある状態で貨物自動車を運転したという、酒酔い運転（道交法 65 条 1 項・117 条の 2 第 1 号）の訴因について起訴された。検察官は、X の呼気検査をして検挙した C 巡査が現場で作成した「酒酔い・酒気帯び鑑識カード」の証拠調べを請求した。その様式は、下のようなものであり、呼気などの検査結果を記入する「化学判定」欄、定型的な質問に

---

3)　最決昭 62・3・3 刑集 41 巻 2 号 60 頁（臭気選別報告書事件）。

対する被疑者の答えを記入する「質問応答状況」欄、被疑者の話し方、歩き方、酒臭の有無・程度、衣服の状態などを記入する「見分状況」欄がある。そして、総合判断として酒酔いあるいは酒気帯び状態と判定した結果を☑する「外観による判定」欄がある。この請求に対して、弁護人は「不同意」の意見を述べた。検察官は、C巡査の証人尋問を請求して裁判所は採用した。C巡査は、このカードは、自分がXを検挙した際に正確に記入したものだと証言した。裁判所は、このカードを証拠採用してよいか？

【答え】この鑑識カードの要証事実は、Xが当時酒酔い状態にあったことであるから、カードはCの供述代用書面として伝聞証拠になる。最判昭47・6・2刑集26巻5号317頁（酒酔い鑑識カード事件）は、ほぼ同じ様式の鑑識カードの「化学判定」欄と「見分状況」欄について、司法巡査が被疑者の状態について検査と観察によって認識した結果を記載したものであるから、刑訴法321条3項に拠って証拠能力を付与できるとした。ただし、被疑者との問答の記録である「質問応答状況」欄は検証調書に当たらないとした。この部分については、C巡査の捜査報告書に当たるので、321条1項3号の要件が必要なところ、それが充たされないので、証拠能力はないという。最高裁がこの部分を被疑者の供述録取書と見ていないのは、そこでの被疑者の答えは、会話の能力を推認するための記載であり、答えのとおりの事実を推認する供述証拠として利用するものではないと考えたからであろう。それでも検証結果の記載とするのにふさわしい厳密さがないと考えたのかもしれない。また、最高裁は、総合判断の結論を示す判定欄の扱いについては、判断を保留している。この部分は、警察官の意見を表すので、検証結果という扱いはふさわしくないと考えたのであろう。

【例題3】Xは、Yにけん銃を譲渡したという銃刀法違反の訴因について起訴され、事実を争っている。検察官は、司法警察員Kが作成した「捜査報告書」の証拠調べを請求した。その報告書は、XとYが喫茶店内で、けん銃の売買交渉をして合意に至る会話をYの了解のもとにKがICレコーダーで録音した内容を反訳したというもので、2人の会話内容を記載している。立証趣旨は、「XからYへの本件けん銃譲渡に関する両人間の会話の存在と内容」である。この請求に対して、弁護人は「不同意」の意見を述べた。裁判所は、この報告書を証拠採用できるか？

【答え】この例題は、平成22年司法試験の出題を単純化したものである。こ

の報告書の要証事実は、XY の間でけん銃譲渡の交渉があって、合意に至ったことである。その目的では、報告書は K の供述代用書面として伝聞証拠になる。しかし、K による会話録音と反訳の過程は実況見分の一種と見ることができる。したがって、刑訴法 321 条 3 項を適用して、K が真正作成証言をすれば、証拠採用できる。そのうえで、報告書に記載された XY 間の会話は、その存在と内容だけでけん銃譲渡の情況証拠となるので、供述証拠ではない。したがって、再伝聞証拠には当たらない。ただし、このような場合、録音の記録媒体を証拠としつつ、K の証言によってその関連性を立証するというやり方のほうが、より直接的な証拠による立証となるから、このような報告書の利用は必須ではない。

[2] 私人作成の報告書

　刑訴法 321 条 3 項は、伝聞例外となる検証調書の検証実施主体を「検察官、検察事務官又は司法警察職員」、すなわち捜査機関に限っている。そのため、捜査官以外の者が実況見分をした結果の記録の扱いが問題となる。

【例題 4】 X は、自動車を運転中に赤信号を見落として交差点に入った過失により、V の車と衝突して V を死亡させたという、過失運転致死の訴因について起訴された。X は、自分の側の信号は交差点に入る寸前に青から黄に変わったので、そのまま進行したと主張している。検察側証人 W は、本件事故を目撃した、被告人側の信号は赤だった、という趣旨の証言をした。弁護人は、「W 証言の不合理性」という立証趣旨で、弁護人の助手である A が作成した「目撃再現実験報告書」の証拠調べを請求した。その内容は、現場の交差点で、W の目撃証言を再現してみると、W がいたはずの地点からは X 側の信号が見えないというものである。検察官は、この証拠請求に対して、「不同意」の意見を述べた。弁護人は、A を証人として真正作成証言をさせることによって、この報告書を証拠採用させることができるか？　もしそれができないとすれば、どうしたら A による実験結果を証拠として活かすことができるか？

【答え】 最決平 20・8・27 刑集 62 巻 7 号 2702 頁（燃焼実験報告書事件）は、刑訴法 321 条 3 項の適用対象は、捜査機関が作成した書面に限られるので、私人が作成した報告書は、3 項の適用対象とならないとした[4]。そこで A の実験結果を活かすためには、同人の証人尋問を請求することになる。報告書

に図面や写真が入っている場合には、刑訴規則199条の12により、A証人に示しながら尋問することによって、その情報を証言の中に取り込むことができる[5]。

　同項の適用対象を強制処分としての検証の記録に限るなら、その作成主体は当然に捜査機関に限られる。しかし、判例のように同項の適用対象を任意捜査としての実況見分調書にも広げるのであれば、作成主体を限定する必然性が問題となる。作成主体を限定することに実質的な根拠があるとすれば、捜査機関の熟練性に対する信頼であろう。しかし、捜査官でも人によって実況見分の熟練の程度には差がある。他方で、警察退職者のように、私人でも、実況見分に慣れた者はいる。そうすると、一律に捜査官と私人とで区別することが合理的かどうか疑問がある[6]。また、判例のような解釈では、検察官側と被告人・弁護人側とが、立証について対等な武器を持てないことになる。つまり、判例は一方で同項の「検証」の意味を拡張解釈しつつ、他方で検証主体については文理解釈を維持しているために、規範の合理性の説明が難しくなっている。

3 | 真正作成証言

[1] 供述者の意味

　刑訴法321条3項の要件を充たすためには、「供述者」による真正作成証言が必要である。この供述者とは、自ら検証ないし実況見分を行って、その結果を記録する調書を作成した者である。

【例題5】Xは、路上でVを殴って怪我をさせたという傷害の訴因について起訴され、事実を争っている。検察官は、「現場の状況」という立証趣旨で、

4）　ただし、後にみるとおり、この判例は当該事案での報告書について刑訴法321条4項の準用を認めた。

5）　最決平23・9・14刑集65巻6号949頁（被害再現写真提示事件）参照。

6）　上口裕『刑事訴訟法〔第5版〕』（成文堂、2021年）379-380頁参照。なお、東京高判平26・3・13判タ1406号281頁は、税関職員による犯則事件の調査は、捜査機関が行う犯罪の捜査に類似する性質を有するから、その調査過程で作成した書面であっても、発見した薬物の写真撮影報告書のように、検証の結果を記載した書面と性質が同じであれば刑訴法321条3項の書面に含まれるとしている。

司法警察員 K が作成した実況見分調書の証拠調べを請求した。この現場での実況見分には目撃者 W が立ち合っており、調書には「私が図面①の場所にいたとき②の所で、男がもう 1 人の男の顔面を殴るのが見えました。」などという W の説明も記載してある。この証拠請求に対して弁護人が不同意の意見を述べた場合、検察官は伝聞例外要件を充たすために、誰の証人尋問を請求するべきか？

【答え】検証調書ないし実況見分調書は、作成者の供述書であるから、刑訴法 321 条 3 項にいう「供述者」とは作成者、すなわち K である。検察官は、K の証人尋問を請求するべきである。学習者はこのような場合、指示説明をした立会人 W が「供述者」だと誤解することがあるので、注意を要する。なお、このような立会人の指示説明の扱いについては、次章で詳しく検討する。

[2]「真正」の意味

条文上、真正作成証言は「（検証調書が）真正に作成されたものであることを供述（する）」内容の証言でなければならない。証人が、自分が作ったとおりの書面であることを供述することが必要なのは当然である。この限りでは、民事訴訟での書証の成立の立証と同じである。しかし、証言内容がそれだけであれば、弁護人は調書の内容の正確さについて事後的な反対尋問をすることができない。反対尋問は、主尋問に現れた事項についてするのが原則（刑訴規則 199 条の 4 第 1 項）だからである。実況見分調書の証拠採用に「不同意」という弁護人の意見は、調書の成立を争うよりも、調書の内容について証明力を争う目的であるのがふつうである。そこで、真正作成証言は、実況見分を適切に行い、観察結果を正確に記録したという趣旨まで及ぶべきであるというのが、一般的な理解である。

【例題 6】例題 5 の事案で、検察官は K の証人尋問を請求して、採用された。証人となった K に対して、検察官が主尋問をした。いくつかの前提的な問いの後、検察官は実況見分調書を証人に示して、「これは、その実況見分の結果をあなたが書いたものですか？」と問うた。K 証人は「はい、そうです。私が作った調書です」と答えた。そこで検察官は「主尋問を終わります」と裁判官に告げた。これは適切か？

【答え】K の証言内容は、まだ真正作成証言としては不十分である。さらに

実況見分と調書作成の過程を尋問した上で、記載内容が正確であることを証人に確認するべきである。この尋問は単純な事例では、簡潔な問答で足りる。それに対して、再現実験のような実況見分を特殊な設定の下で行った場合には、その方法を具体的に説明させる必要がある。

真正作成証言と反対尋問の結果、裁判所が書面に検証調書に相応しい信頼性があると判断するに至らなければ、刑訴法321条3項の要件は充たさないので、証拠請求を却下しなければならない[7]。しかし、多くの場合は3項の要件充足は認められるので、調書を採用した上で、反対尋問の結果も考慮して、その証明力を評価することになる。

[3] 真正作成証言の場

条文は、真正作成証言を「公判期日において」することを要求している。しかし、公判準備における証人尋問でも足りるというのが、実務の通説である[8]。それは、公判準備としての証人尋問でも当事者の反対尋問権は確保され、そこでの証言の記録は刑訴法321条2項に拠って証拠能力があるからであろう。

公判前整理手続でこれを行ってもよいか、という問題がある。公判前整理手続も公判準備の一種である（刑訴法316条の2第1項）。そして、公判前整理手続では証拠の採否を決定することができる（316条の5第7号）。決定をするために必要があれば、事実の取調べとして証人尋問をすることもできる（刑訴法43条3項、刑訴規則33条3項）。そうすると、真正作成証言を公判前整理手続で行ってもよいようにも思える。

【例題7】 Xは、深夜の公園でのVに対する強盗致傷の訴因について起訴された。裁判所は、事件を公判前整理手続に付した。検察官が証拠調べを請求した証拠の中に、①Wの目撃供述を内容とする検面調書がある。その中でWは、犯人はXだったと述べている。その立証趣旨は「目撃状況」である。②また、検察官請求証拠の中には、司法警察員K作成の実況見分調書がある。それはKらが現場の公園で、事件発生と同じ時刻に、Wを立ち合わせて行った実況見分の報告であり、立証趣旨は「現場の状況及び目撃可能性」

---

7) 植村立郎「実況見分調書について」法曹時報70巻12号（2018年）3345頁も、ほぼ同旨。

8) 松尾浩也監修『条解刑事訴訟法〔第5版〕』（弘文堂、2022年）942頁。

である。弁護人は、これらについて「不同意」の意見を述べた。検察官は
WとKの証人尋問を請求した。裁判所は、Wの証人尋問を採用した。そし
て、Kの真正作成証言を公判前整理手続で行いたいという意向を当事者ら
に示した。この裁判所の提案は、適切か？

【答え】この場合、真正作成証言を公判前整理手続で行うのは、適切ではな
い。弁護人が実況見分調書に不同意なのは、成立を争いたいからではないだ
ろう。弁護人は、現場の公園の明るさ等を含めて、Wの目撃供述の信頼性
を争いたいのである。そうすると、裁判所がこの実況見分調書を証拠採用す
る場合には、Kの真正作成証言に対する弁護人の反対尋問の結果も考慮に
入れて、その証明力を判断するべきである。そうであれば、Kに対する証
人尋問は、単に実況見分調書を証拠採用するための形式ではなく、実体的な
心証形成の機会である。それは裁判員も立ち合う公判審理において行うべき
である[9]。

4 | 鑑定書の伝聞例外

[1] 条文の定め

刑訴法321条4項は、「鑑定の経過及び結果を記載した書面で鑑定人の作
成したもの」についても、3項と同様の条件で伝聞例外とする。すなわち、
鑑定書は、「供述者」である鑑定人が公判期日に尋問を受けて「真正に作成
されたものであること」を供述することによって証拠能力が与えられる。

この定めは、鑑定結果については、記憶による鑑定証言よりも書面にまと
める方が正確であり、またわかりやすい場合があるという考慮と、真正作成
供述の際に事後的な反対尋問をすれば、証明力の吟味ができるという考慮に
基づくのであろう。ただし、特に裁判員裁判では、書面よりも口頭で鑑定人
の説明を聴く方がわかりやすいことがある。その場合、鑑定書はむしろ補助
的な資料となる。

[2] 対象

この条文の文言を厳密に解釈すれば、対象となるのは刑訴法165条に拠っ

---

9)　山崎学『公判前整理手続の実務〔第2版〕』（弘文堂、2020年）51頁参照。

て裁判所ないし裁判官が命じた鑑定人が作成した書面に限られることになる。おそらく、立法者は鑑定人が刑訴法166条に拠る宣誓をして、虚偽鑑定罪の制裁も負うことを信用性の情況的保障と考えたのであろう。しかし、判例はこれを刑訴法223条1項に拠り捜査機関からの嘱託を受けた鑑定受託者の作成した書面にも「準用」できるとしている[10]。さらには、医師の作成した診断書にも、321条4項が準用できるとする[11]。その結果、本項は、宣誓をしていなくても専門的な判断を述べた書面一般に準用できることになる。このような解釈は、鑑定人でも鑑定受託者でも、専門知識を適用して判断する点は同じだという考え方による。また、捜査官側からは、刑訴法179条に拠る証拠保全としての鑑定を請求することができないという事情も背景にある。被告人側の依頼を受けて作成した鑑定書も同様に扱うのであれば、武器対等の原則には反しない。以下では、このような判例法理を前提として解説する。

【例題8】Xは、Vに対する傷害の訴因について起訴され、正当防衛を主張している。弁護人は、「被告人の受傷」という立証趣旨で、事件当日Xが受診した外科医D作成の診断書の証拠調べを請求しようと考えた。検察官がこの請求に対して刑訴法326条1項の同意をしない場合、弁護人はどうしたらよいか？

【答え】判例に依れば、医師の診断書にも刑訴法321条4項が準用されるので、証拠採用に検察官の同意が得られないなら、弁護人は真正作成証言のためにDの証人尋問を請求するべきである。

【例題9】Xは、保険会社から火災保険金を騙し取る目的で、自分が管理する店舗に放火して焼損したという非現住建造物放火の訴因について起訴され、放火を否認している。検察官は、放火の時刻を推定するために、G作成の「燃焼実験報告書」の証拠調べを請求した。その内容は、建物内の火が爆発的に大きくなるフラッシュ・オーバー現象がこの店舗の場合、発火からからどれくらいの時間で生じるかを実験によって推測した報告である。Gは、消防士として15年間勤務した後、火災原因を調査する会社に5年間勤務し、この間通算、約20年にわたって火災原因の調査、判定に携わってきた者である。弁護人は、この請求に対して「不同意」の意見を述べた。検察官は、

---

10)　最判昭28・10・15刑集7巻10号1934頁（嘱託鑑定書事件）。

11)　最判昭32・7・25刑集11巻7号2025頁（診断書事件）。

Gに真正作成証言をさせるために、証人尋問を請求した。裁判所は、この報告書を刑訴法321条3項または4項に拠って採用することができるか？

【答え】この例題は、前述した最決平20・8・27刑集62巻7号2702頁（燃焼実験報告書事件）の事案を基にする。まず、Gは3項が挙げる捜査権限を持つ者ではないので、判例に従えば、3項による採用はできない。しかし、Gは火災原因の調査の専門家と評価できるので、4項準用に拠る採用は可能である。判例も、このような扱いを認めた。この扱いは、弁護人が専門家に依頼して作成してもらった報告書にも、同じように当てはまるはずである。

［3］真正作成証言のやりかた

鑑定書に関する真正作成供述は、実務上、2通りの方法があるといわれる。その1つは、鑑定人に鑑定を命じるための鑑定人尋問の続きとして行う方法である。実際には、もう1つの方法、すなわち鑑定書作成者を証人として採用して証言させるという方法を採る例が多い[12]。正規の鑑定人以外の者が作った鑑定書については、鑑定を命じる手続がないので、後者の方法によることになる。

【例題10】Xは、Vに対する強盗殺人の訴因について起訴され、犯人ではないと主張している。検察官は、「被告人の着衣に付着した血痕およびVのDNA型」という立証趣旨で、鑑定受託者G教授名義の鑑定書の証拠調べを請求した。その鑑定書の趣旨は、被告人の着衣に付着した血痕のDNA型はVと一致するというものである。この請求に対して、弁護人が「不同意」と述べたため、検察官はGの証人尋問を請求した。主尋問に対してG証人は、この鑑定書は自分が行った判定の報告であり、正確であると証言した。しかし、反対尋問に対して、次のように証言した。「Vと被告人着衣付着血痕のDNA型判定は、法医学教室の助教Aにさせた。DNAのどの部分を調べるかを指示して、判定の実施はAにすべて任せた。その後、Aが起案した鑑定書案を読んで、正しい手順で判定していることを確認したので、印を押した。」裁判所は、この鑑定書を証拠採用してよいか？

【答え】判例に依れば、鑑定受託者の鑑定書も刑訴法321条4項の要件で伝聞例外として採用できる。しかし、G教授がDNA型判定の実施をAに任

---

12) 松尾浩也監修・前掲注8) 944頁。

せて自ら行っていないとすれば、自分がした鑑定とはいえないので、真正作成証言にはならない。そのため、この鑑定書は採用できない[13]。

　ただし、実際には、鑑定を他人に任せることと、補助者の助力を用いて自ら鑑定することの区別が明瞭ではない事例がある。

5 ｜ 第6章のまとめ

　刑訴法321条3項と4項は、検証の結果を記載した書面と鑑定書という供述書について、法廷での事後的な反対尋問の機会を保障することを条件にして伝聞例外を認める。判例上、3項は捜査機関の行う実況見分の報告書にも適用され、4項は厳密な意味での鑑定人以外でも、専門的な判断を報告する書面一般に準用される。これらの条文における真正作成証言は、報告内容の正確さ、的確さも述べるべきである。

　次章では、実況見分調書について問題になることが多い立会人の指示説明の扱いを詳しく検討する。

---

13)　石井一正『刑事実務証拠法〔第5版〕』（判例タイムズ社、2011年）202-203頁参照。

第7章

実況見分調書と立会人の指示説明

1 │ 実況見分の目的と立会人の説明

　刑訴法 128 条と 218 条 1 項が定める検証も、また伝聞例外に関してはそれと同視される実況見分も、検証者が対象を観察することによって、その状態から情報を得て記録する行為である。それに対して、198 条と 223 条が定める取調べは、人に質問してその答え、すなわち供述から情報を得ようとする行為である。検証・実況見分は人体を含む物から情報を得る手段であるのに対して、取調べは人の記憶を介した供述という情報を得る手段である。両者の性格は、全く異なる。

　しかし、実際の捜査過程では、実況見分に、被疑者、目撃者、被害者などを立ち会わせて説明を受けることが多い。犯罪捜査規範 105 条 1 項は、次のように定めている。「実況見分調書は、客観的に記載するように努め、被疑者、被害者その他の関係者に対し説明を求めた場合においても、その指示説明の範囲をこえて記載することのないように注意しなければならない。」[1] つまり、実況見分に関係者を立ち会せることができることを前提として、立会人に説明を求め、その説明を調書に記載することを想定している。この記載は、立会人の供述を証拠にするための録取ではないので、立会人に確認を求めて署名・押印を得る手続はしないのが、一般的な実務運用である[2]。

　これらの事件体験者を実況見分に立ち会わせて説明を求める目的は、現場での取調べではない。立会人の役割は、実況見分において特に注目すべき部分を指摘することである。たとえば目撃者が実況見分に立ち会って、「私が

---

1)　犯罪捜査規範 157 条 1 項は、これを検証にも準用する。

この地点に来たとき、前方のあの街灯の下で、男が女性のハンドバッグをひったくるのを見た」と説明したとする。そうすると、その地点と街灯の位置を見取り図に記録して、その間の距離や、視認を妨げる物がないことなどを確認することが重要になる。それによって、効果的な実況見分ができる。そして、なぜその地点を記録したのかが分かるように、この目撃者の説明を調書に記載することになる。

　しかし、この例からも明らかなように、立会人の説明は供述に他ならない。そうすると、実況見分の際に立会人に説明を求めることは、取調べの実質をもってしまうおそれがある。もし、この立会人の説明をその説明どおりの事実があったことを推認する根拠として使うなら、それは伝聞証拠となる。しかも、立会人の供述を捜査官が書き留めた調書は、立会人の供述を内容とする捜査官の供述書だから、再伝聞となる。刑訴法 321 条 3 項の伝聞例外は、このような再伝聞証拠まで許してはいない。これが、実況見分調書中の立会人指示説明記載の扱いを考えるための出発点である。

2 | 指示説明記載の扱い

[1] 判例

　最判昭 36・5・26 刑集 15 巻 5 号 893 頁（指示説明記載事件）は、このような実況見分調書中の立会人の指示説明の記載も実況見分調書の一部として、刑訴法 321 条 3 項の要件の下に伝聞例外となることを認めた。その理由として次のように説示している。「（実況見分の過程で）立会人の指示、説明を求めるのは、……実況見分の一つの手段であるに過ぎず、被疑者及び被疑者以外の者を取り調べ、その供述を求めるのとは性質を異にし、従つて、右立会人の指示、説明を実況見分調書に記載するのは結局実況見分の結果を記載するに外なら（ない）」。この説示は、直接には、立会人の署名・押印が不要で

---

2)　犯罪捜査規範 105 条 2 項は、「被疑者、被害者その他の関係者の指示説明の範囲をこえて、特にその供述を実況見分調書に記載する必要がある場合には」、取調べと供述調書の作成の法定の方式に従って、立会人の署名・押印を求めるように指示している。しかし私は、立会人が署名・押印した実況見分調書を見た経験がない。そのような実例があるとしても、おそらく非常に稀であろう。

あることの理由として述べたものである。さらに、立会人の証人尋問が不要である理由として、「立会人たる被疑者又は被疑者以外の者の供述記載自体を採証するわけではないから」と説明している。この判例は、立会人の指示説明は、それ自体を立会人の供述証拠として利用するのではなく、実況見分の経過を明らかにして、実況見分調書の意味が理解できるようにするために記載するのだから、検証調書の一部として、伝聞例外となるという趣旨に理解できる。

【例題1】 Xは、路上でV女を突き倒してその反抗を抑圧して、ハンドバッグを強取したという強盗の訴因について起訴され、事実を否認している。検察官は、「現場の状況」という立証趣旨で、司法警察員K作成の実況見分調書の証拠調べを請求した。この実況見分には、Xと目撃者Wが立ち会った。この実況見分調書には、現場付近の見取り図がついている。この図面には、①と②の地点の印があり、その間の距離が15メートルであることを示している。そして、「立会人Wは、『私が①の地点で立ち止まったとき、前方②の地点で、Xが女性を突き倒して、彼女のハンドバッグを奪うのを見た』と指示説明した」という記載がある。弁護人は、この請求に対して「不同意」意見を述べた。検察官はKの証人尋問を請求し、裁判所はこれを採用した。Kは公判期日に証人となって、この実況見分調書は自分が正確に作成した旨を供述した。検察官は、そこで改めて、刑訴法321条3項に拠り、実況見分調書の証拠採用を求めた。それに対して弁護人は、実況見分調書中のWの説明を記載した部分は再伝聞証拠となるから、その部分は採用するべきではないという意見を述べた。裁判所は、どうするべきか？

【答え】 このWの指示説明の記載は、Kが①と②の地点に注目してその場所を見取り図上に特定した理由を示す意味があるので、実況見分の経過を示す記載である。裁判所は、それを一部に含む実況見分調書を刑訴法321条3項の伝聞例外として採用するべきである。

[2] 現場指示と現場供述という区別

　実況見分調書に記載する立会人の供述を現場指示と現場供述に分けて、現場指示は検証調書の伝聞例外で許されるのに対して、現場供述は刑訴法321条3項の伝聞例外には含まれないという説明がある。この場合の現場指示とは、実況見分の意味を明らかにするために必要な限度での立会人の供述の記

載であり、現場供述はそれを超えた実況見分の場での供述を指す。先にみた犯罪捜査規範105条1項は、実況見分調書に立会人の現場供述を記載しないように求めている。

　しかし、捜査実務が、犯罪捜査規範の要求を忠実に守っているとは思えない。実際の実況見分調書では、現場供述に当たる立会人の供述を記載している例が少なくない。捜査官向けの手引書では、実況見分調書に立会人の説明を記載するとき、「私は①地点で○○しました」ではなく、「私が○○したのは①の地点です」という書き方をするように指導していることがある[3]。このような指導は、余計な現場供述を書かないための指針として、効果があるかもしれない。ただし、言葉の表現の違いは、本質的な問題ではない。実況見分の意味を明らかにするために不可欠な記載なのかどうかが、本当の区別の基準である。

　検証や実況見分の目的は、人の記憶を介した情報ではなく、検証者が対象物を直接に観察して情報を採集し記録することである。したがって、実況見分の意味を明らかにするために必要だというのは、実況見分調書が示す対象のある部分に見分者が注目した理由を明らかにするために必要だという意味である。

【例題2】 例題1の事例で、実況見分調書中のWの指示説明記載に加えて、さらに、「そのとき、彼女はバッグを奪われないように抵抗していたが、再び突き飛ばされて手を離しました」という記載があったとする。裁判所が実況見分調書を証拠採用したら、弁護人は、これに対して、どのような異議を述べるべきか？

【答え】 これは、現場供述を記載している例である。この記載部分は、実況見分の経過と意味を明らかにするためには必要ない供述の記載なので、刑訴法321条3項の要件では証拠にできない、という異議を弁護人は述べるべきである。

　目撃者が立会人となったときに、「そのときは周囲の照明が明るかったので、良く見えました」などという視認の条件に関する説明を実況見分調書に記載する例もある。これも、現場供述に他ならない。

　現場指示と現場供述の区別は、実況見分調書の作成方法の指針として意味

3）　猪俣尚人『新実況見分調書記載要領〔改訂版〕』（立花書房、2011年）14頁。

がある。しかし、現場指示であれば、当然に伝聞例外になるという意味ではない。立会人の現場指示の記載が実況見分調書の一部として証拠採用できるのは、それを実況見分の経過と調書の意味を理解するために使う限りでの許容である。現場指示に当たる立会人の供述でも、その供述どおりの事実があったという推認に使うなら、実質において現場供述と化す[4]。それは再伝聞証拠となるので、検証調書の一部として証拠採用することはできない。上記の指示説明記載事件の判例が、「供述記載自体を採証するわけではない」というのも、この意味である。

【例題3】 例題1の事案で、実況見分調書を採用した裁判所は、この実況見分調書中のWの指示説明から、WがXのVに対する犯行を目撃したと推認してよいか？

【答え】 それはいけない。指示説明記載のそのような使い方は、Kが記載したWの供述を供述証拠として使うことになり、再伝聞証拠になる。それは、刑訴法321条3項の許容範囲を超えた証拠利用となる。

[3] 応用問題

　平成25年司法試験の出題は、実況見分調書の指示説明記載の扱いを考えるために、良い素材である。ほぼ、この出題のままの例題を考える[5]。

【例題4】 XがVを刺殺したという殺人被疑事件の捜査過程で、司法警察員Kは、現場のH公園において、Wを立会人とする実況見分を実施した。この実況見分は、Wが目撃した犯行状況およびWが犯行を目撃することが可能であったことを明らかにすることを目的とするものであり、Kは必要に応じてWに説明を求めるとともに、その状況を写真撮影した。

　この実況見分において、Wは、目撃した犯行状況につき、「このように、犯人の1人が、被害者に対し、右手に持った包丁を胸に突き刺した」と説明した。司法警察員Kは、この説明に基づいて警察官2名（犯人役1名、被害者役1名）をWが指示した犯人とVが立っていた位置に立たせて犯行を再現させ、その状況を約1メートル離れた場所から写真撮影した。後日Kは、

---

4) 松尾浩也監修『条解刑事訴訟法〔第5版〕』（弘文堂、2022年）941頁。

5) 実際の出題は実況見分調書自体を資料として掲げている。それを参照すると、設例の意味が視覚的に分かりやすい。

この写真を貼付して W の説明内容を記載した【別紙1】を作成した。

　また、W は、同じく実況見分において、犯行を目撃することが可能であったことにつき、「私が犯行を目撃した時に立っていた場所はここです」と説明してその位置を指示した上で、その位置において「このように、犯行状況については、私が目撃した時に立っていた位置から十分に見ることができます」と説明した。この説明を受けて司法警察員 K は、W が指示した目撃当時 W が立っていた位置に立ち、W が指示した犯人と V が立っていた位置において警察官2名が犯行を再現している状況を目撃することができるかどうか確認した。その結果、K が立っている位置から警察官2名が立っている位置までの間に視界を遮る障害物がなく、かつ、再現している警察官2名が街灯に照らされていたため、K は、警察官2名による再現状況を十分に確認することができた。そこで、K は、W が指示した目撃当時 W が立っていた位置、すなわち、警察官2名が立っている位置から約8メートル離れた位置から、警察官2名による再現状況を写真撮影した。後日 K は、この写真を貼付して W の説明内容と自身の観察結果を記載した【別紙2】を作成した。

　K は、【別紙1】と【別紙2】を添付した実況見分調書を作成した。

　起訴後の公判前整理手続において、検察官は、「①犯行状況及び②W が犯行を目撃することが可能であったこと」という立証趣旨で、この実況見分調書の証拠調べを請求した。これに対して、弁護人は「不同意」の意見を述べた。検察官は、K の証人尋問を請求して、裁判所はこれを採用した。公判期日において、K はこの実況見分調書は、自分が正確に作成したものであることを証言した。検察官は改めて、刑訴法321条3項に拠って実況見分調書を証拠採用することを求めた。裁判所は、これを採用するべきか？

【答え】作成者である司法警察員 K の真正作成証言があるので、刑訴法321条3項に拠り、実況見分調書自体は採用することができる。そのうえで、【別紙1】と【別紙2】の内容に実況見分調書の一部としての証拠能力があるかどうかが問題である。それぞれの内容に照らして、【別紙1】が立証趣旨①に、【別紙2】が立証趣旨②に対応することが分かる。

　まず、①の「犯行状況」という立証趣旨自体が、実況見分調書の立証趣旨としては、相応しくない。なぜなら、K が犯行自体を観察したはずはないからである。検証調書は、本来、検証者が直接に観察した結果を情報として

報告するための文書である。実況見分をした者が観察していない事実を報告できるはずがない。それでも、【別紙1】を犯行状況の推認のために使おうとするなら、立会人であるWの記憶を介した供述を証拠とするしかない[6]。【別紙1】に書かれたWの説明は、Wの供述である。【別紙1】に貼った写真はWの供述内容を示す供述写真である。つまり、【別紙1】は全体として、Wの目撃供述をKが記録した資料である。それを「犯行状況」を推認するために使うのは、再伝聞証拠としての利用である。したがって、刑訴法321条3項の伝聞例外の範囲外である。Wのこの供述について321条1項3号の要件はないので、320条1項に拠り、【別紙1】は証拠採用できない。

　なお、厳密な議論では、この事例で、【別紙1】の写真は犯人役と被害者役を務めた警察官らの動作による供述の記録でもあるのではないか、という疑問はありうる。しかし、実況見分の現場で、Wがこの再現状況を確認して、自分が見たとおりだと述べているので、警察官らの再現全体がWの供述内容を表現していると考えれば足りるであろう。いずれにしても、【別紙1】は採用できない。

　それに対して、【別紙2】の内容は、基本的にK自身が視認の可能性を確認した観察の結果を報告しているので、実況見分調書の一部として証拠能力がある。写真も、Kが言葉によって報告する代わりに、画像を用いて報告する手段である。「私が犯行を目撃した時に立っていた場所はここです」というWの説明の記載も、なぜその位置からKが観察したかを示すための現場指示であるから、実況見分調書の一部として証拠採用できる。

　ただし、念のためにいえば、事件発生時にWがその場所に立っていて、Wが指示したとおりの場所で犯行が行われたことは、この実況見分調書からは推認できない。そのような推認をするためには、Wの供述を供述証拠として使う必要があるからである。したがって、検察官は、その前提事実を別にWの証言などによって立証しなければならない。その立証ができたときに、この実況見分調書を「目撃可能性」を示す証拠として使う意味が生じる。また、【別紙2】に記載したWの説明の中で「このように、犯行状況に

6）　この構造に気付くことが、本問を解くための鍵となる。司法試験に出題されていることから考えて、このような立会人の説明を供述証拠として使うことを前提とした立証趣旨での実況見分調書の証拠請求の例は珍しくないのであろう。

ついては、私が目撃した時に立っていた位置から十分に見ることができます」という部分は、現場供述に他ならない。それはK自身の観察結果ではないから、この部分は、証拠採用できない。

3 │ 再現実況見分調書の扱い

[1]「再現状況」立証の場合

　実況見分調書中の立会人指示説明記載の扱いの問題は、実況見分の報告の中に見分者自身の観察ではない立会人の供述が入り込むことによって生じる問題であった。それがさらに進んで、実況見分という方法が実は供述採取の目的で行われることがある。それが、再現実況見分である。

　再現実況見分では、被疑者または被害者に犯行または被害を動作で再現させて、その過程を捜査官が写真撮影する。その結果を実況見分調書または写真撮影報告書などの標題で文書にまとめたのが、再現実況見分調書である。この調書には、再現の経過を書くほか、再現動作を写した写真を貼り、そこに「私はこの写真のように○○しました［されました］」といった再現者の説明があったことを記載する。再現のために相手役が必要な場合は、警察官がそれを務めるか、人形を使うこともありうる。

　検察官がこのような再現実況見分調書の証拠調べを請求する場合、「犯行再現状況」あるいは「被害再現状況」といった立証趣旨を掲げることが多い。しかし、被告人あるいは被害者がそのように再現したことを立証しても、それだけでは事実認定の役には立たない。これが、第1章の**例題 10**（012頁）で考えた問題である。もう一度ここで考える。

【例題 5】 X は、電車のなかで座席の隣に座っていた V 女に対して痴漢行為をしたという東京都条例違反の訴因について起訴され、訴因の事実を否認している。検察官は、司法警察員 K が作成した実況見分調書の証拠調べを請求した。この調書は、当時容疑を認めていた X に、警察署で並べたパイプ椅子を座席に見立て、もう 1 人の警察官が被害者役となって、X に犯行を再現させた様子を記録した資料である。調書には、再現の経過を書いたうえで、5 つの場面を写した 5 枚の写真が貼ってあり、それぞれに「私はこのようにして、隣に座っていた女性の太股に触りました」などという X の説明があったことを記載している。

また検察官は、K作成の写真撮影報告書の証拠調べも求めた。この報告書は、警察署内で並べたパイプ椅子を電車の座席に見立てて、Vに被害を再現させた様子を写真撮影した報告である。犯人役は、女性警察官が務めた。再現の経過を記載するほか、再現場面を写した5枚の写真があり、それぞれに「私は、このように犯人から触られました」などというVの説明があったことを記載している。

　検察官の示す立証趣旨は、実況見分調書については「被告人による犯行再現状況」、写真撮影報告書については「被害再現状況」である。これらの書面の要証事実は何か？

【答え】被告人がこの実況見分調書のように犯行を再現したことを証明しても、それだけでは事実認定の役に立たない。そこから進んで、被告人が再現したとおりの行為をしたと推認することによって初めて意味のある情報となるから、それが要証事実である。Vによる再現についても同じように、再現したとおりの被害を受けたことが要証事実となる。最決平17・9・27刑集59巻7号753頁（痴漢再現報告書事件）も、これとほぼ同じ事案で、このように要証事実を捉えた。

　このような判例に対して、それは証拠調べを請求する検察官の意図に反した要証事実の捉え方であると批判する論者もある。しかし、この事例の2つの捜査書類に事実認定上有用な情報があるとすれば、それは、XまたはVの記憶を介した情報である。それ以外に、物の観察によって得られた情報はない。そのため、それらの記憶の表現が正確であるという期待を伴わない限り、事実認定の役には立たない。つまり、これらの再現実況見分は、動作による供述の採取と記録を目的とした捜査活動であって、物の観察によって有用な情報を得るという検証の性質よりも、むしろ供述を得るための取調べという性質が主体である。判例は、これを「捜査官が、被害者や被疑者の供述内容を明確にすることを主たる目的にして……再現させた」と表現している。そのために、再現動作を供述証拠として推論をするのでない限り、これらの書類は、関連性がない資料である。したがって、これらの書類は、Kが採取したXまたはVの供述の記録であり、その主要な部分は、再伝聞証拠となる。

【例題6】例題5の事案で、検察官の証拠請求に対して、弁護人は不同意の意見を述べた。Kの真正作成証言があれば、これらの書面の証拠能力は認

められるか？

【答え】Kの真正作成証言によって、刑訴法321条3項の要件は充たされた。しかし、再伝聞証拠となる部分は、320条1項により禁止されるので、この根拠では採用できない。それを採用するには、他に伝聞例外となる根拠が必要である[7]。まず、XまたはVの説明を記載した部分は、供述者の署名・押印がないので、322条1項または321条1項3号を適用する余地はない。写真は、XまたはVの動作による供述を示す供述写真である。写真は機械による記録なので、XまたはVの署名・押印要件は不要である。Xによる再現の写真は、被告人の自白の記録であり、任意性に疑いがなければ、322条1項の不利益事実の承認として伝聞例外となる。それに対してVの再現写真は、Vが供述不能でない限り、321条1項3号の要件はない。上記判例もこのような証拠能力判断を説示している[8]。

　このように、この事例での再現実況見分の本質が、動作による供述を採取するための取調べに他ならないとすると、翻って、Xによる再現の写真を証拠とするために、Kの真正作成証言は必要だったのかという疑問がありうる。

【例題7】例題5の事案で、犯行再現の実況見分調書中のXの動作を撮影した写真を証拠とするために、Kによる真正作成証言は必要か？

【答え】これは、難しい問題である。真正作成証言を不要とする見解もある。その理由は、次のような趣旨に理解できる。すなわち、この判例のように要証事実を理解するなら、再現実況見分調書は取調べの記録だから、検証調書に要求される真正作成証言は不要である。また、写真撮影は供述の過程ではないから、被告人による犯行再現の写真は被告人の供述書と同視できる。したがって、322条1項の要件だけで伝聞例外となる。

　しかし、判例は、Kによる真正作成証言は当然に必要だったといっているように見える。判例はその理由を説明していないので、その背後にある論理を想像しなければならない。動作による供述を求める行為は、確かに取調べという本質をもつ。そして、言葉による供述を録取するのは、検証ではな

---

7)　再伝聞証拠については、後に詳しく解説する。ここでは、再伝聞証拠でも、供述の過程のそれぞれに伝聞例外の要件があれば採用できるという理解を前提とする。

8)　同種の事案についての最高裁判例として、最決平27・2・2判時2257号109頁。

い。しかし、再現者の動作を写真に撮影して記録する過程は、検証ないし実況見分としての性質をもっている。そのために、写真に証拠能力を与えるために撮影者の真正作成供述が必要となると考えれば、判例を説明することができる[9]。

　これを別の角度から見ると、言葉による供述については録取の正確性は原供述者の署名・押印という要件が担保するのに対して、動作による供述の記録の正確性は真正作成証言が担保するという平行的な構造として理解することができる。この動作による供述記録の正確性の確認の中には、撮影場面の取捨選択と撮影視角の適切さ、再現過程での誘導の有無、再現者が場面中のどこまでを意識して再現し、どこは意識していないのか[10]の確認などの要素が含まれる。真正作成証言を必要とすることによって、これらの点についての反対尋問が可能となる。このような供述写真についての真正作成証言は、写真の関連性の立証という機能も持つ。

【例題8】強盗殺人未遂被疑事件の被害者Ｖは、検察官Ｐの取調べに対して、「犯人は、ゴルフクラブを振り上げて、私の頭に振り下ろした」と供述した。検察官は、その旨の供述を録取してＶの署名押印のある検面調書を作成した。それに加えてＰは、取調べ室内でＶを立会人とした実況見分を実施した。その際、Ｐは犯行に使われたと考えられるゴルフクラブと同種のものを準備し、検察事務官Ｓを犯人に見立て、Ｖに被害状況について説明を求めつつ再現させた上、その再現状況を写真撮影した。後日、検察官は、この結果について実況見分調書を作った。この調書には、Ｓが右手でゴルフクラブのグリップを握り、Ｖの頭部を目掛けて振り下ろしている場面の写真１枚が添付されており、その下に「『このようにして、犯人は、右手に持っていたゴルフクラブで私の頭を殴りました。』と立会人は説明した」との記載がある。起訴後、公判前整理手続で検察官は、Ｖの検面調書と実況見分調書の証拠調べを請求した。前者の立証趣旨は「被害状況」、後者の立証趣旨は「被害再現状況」である。それら対して、弁護人は「いずれも不同意」の意

---

9)　このような理解は、被告人による犯行再現ビデオの証拠能力要件を考えるためにも重要な意味を持つ。

10)　たとえば、再現者が上半身の動作に注意を向けている場合には、足の位置は意識していない。

見を述べた。公判前整理手続中にVは、交通事故に遭って亡くなった。この実況見分調書に証拠能力はあるか？

【答え】 これは令和5年司法試験の出題を少し変えた設例である。まず、第1章例題10や本章例題5と同様に、この実況見分調書の実質的な要証事実は、Vが再現したとおりの被害を受けたことである。そうすると、作成者である検察官Pが刑訴法321条3項の求める真正作成証言をしても、Vの供述を記録した部分は再伝聞証拠となるので、それだけでは証拠能力がない。原供述者Vの署名・押印のない説明記載部分は、他の伝聞例外にも当たらない。（本章例題6）。それに対して、上記最決平17・9・27が示すとおり、動作による供述の記録である写真は、再現者の署名・押印がなくても、他の伝聞例外規定に拠って採用する可能性がある。Vは死亡して、供述不能である。この供述写真は、検察官Pの問いに答えてVがした供述をPが記録したものなので、321条1項2号前段の伝聞例外として証拠能力がある。このような扱いは、この再現の写真撮影が検察官による参考人取調べの一環として行われたという実態にも符合する。本章例題7で検討したとおり、人の動作による供述を撮影して記録することは検証としての性質も持つから、この写真を証拠とするためにも、Pによる真正作成証言は必要である。それは弁護人が再現と撮影過程の適切さについて反対尋問をする機会となる。厳密に考えると、この再現写真は犯人役をしたSの供述写真でもあるのでないかという疑問があり得る。しかし、SはVの指示に従って姿勢を取り、Vはそれを前提として撮影に応じているので、Sの動作はVの供述に取り込まれていると考えることができる。

なお、司法試験の問題文では、実況見分調書に添付した写真の下に、あたかもふつうの供述調書のように、Vの説明だけがそのまま記載されているように読める。それは、立会人の指示説明を記載する方法としては、異例である。立会人がそのように説明した、という記載があるというのが、題意であろう。いずれにしても、結論は変わらない。

例題8を少し変えて、被害再現写真がVの検面調書に添付されていて、Vが「私が犯人に殴られた状況は、この写真のとおりです。」と供述していたとする。この場合は、写真の内容はVの供述に取り込まれるので、検面調書の一部となる。

[2] 再現供述写真の証人尋問での利用

すでに確認したとおり、被害再現実況見分調書に対して被告人側が不同意の場合、撮影者の真正作成証言があっても、被害者が供述不能でない限り、再現供述写真を証拠採用することはできない。それは、この写真だけを切り離して独立に証拠としようとする場合も同様である。しかし、被害者を証人尋問する過程で、この写真を使う可能性はある。

【例題9】 例題5の事案で、弁護人が同意しないため、検察官は被害再現の写真撮影報告書の証拠請求を諦めたとする。そして、Vの証人尋問で、検察官はVが訴因記載の日に電車内で痴漢に遭ったこととその状況を具体的に証言させた。そのうえで、裁判長の許可を受けて、被害再現写真の1枚を提示して、「あなたが証言された痴漢に触られたという状況は、この写真のとおりですか？」と訊いた。V証人は、「この写真のとおりです」と答えた。この尋問は適切か？

【答え】 最決平23・9・14刑集65巻6号949頁（被害再現写真提示事件）は、このような証人に対する供述写真の提示を刑訴規則199条の12に拠る、供述内容を明確にするための提示として認めた。刑訴規則49条に拠り、この写真は証人尋問調書に添付される。そして、判例が説示するとおり、「（証言に）引用された限度において被害再現写真の内容は証言の一部とな（る）」。

ここでは、検察官が証人に被害再現写真を提示する前に、具体的な証言を得ていて、しかもその証言内容と写真の内容が一致していることが重要である。もし具体的な証言を得る前に被害再現写真を示すなら、それは証人の以前の供述の記録によって証言を誘導する結果となるので、刑訴規則199条の11第1項括弧書きに反する。

[3] 行動能力立証の場合

上記［1］は、再現実況見分調書の立証趣旨が「再現状況」という漠然としたもので、事件時に再現どおりの行動があったことを要証事実と考えざるをえない事例の検討であった。それに対して、再現実況見分調書が、被告人またはその他の者の身体能力を立証趣旨として証拠請求される場合の扱いは、別に考える必要がある[11]。なぜなら、たとえば被告人が一定の行動を試みてそれが実際にできたという事実は、被告人の記憶を介した供述ではなく、客観的な観察の対象となる事実だからである。このような目的での再現実験は、

取調べではなく、実況見分である。その記録である実況見分調書は、基本的に再伝聞証拠にはならない。

　第1章の**例題13**（014頁）を少し変えた事例でこれを考える。

【例題10】　Xは、Vのアパートに忍び込んで金品を盗んだという侵入盗の被疑者となった。司法警察員Kによる取調べに対して、Xは被疑事実を認めた。そして、V宅に忍び込む際には、針金で作った道具を使ってドアの錠を開けたと供述した。KがX宅で押収したそれらしき道具を示して、「これを使ったのか」と訊くと、Xは「それを使って錠を開けました」と述べた。Kはこれらの供述を調書に録取して、Xの署名押印を得た。そのうえで、Vの了解を得てXをVのアパートへ連れて行き、この針金の道具を渡して、閉まっているドアの錠を開けて見せるように求めた。Xは、実際に錠を開けて見せた。Kはその様子を写真に撮影して、「引き当たり捜査報告書」を作った。そこでは、X宅で押収した道具でV宅ドアの錠を開けることをXに求めたところ、Xが開けて見せたという経緯を書き、その一連の場面の写真を添付して、「この写真は、私が針金の道具で錠を開けるところです」、「このようにしてドアを開けることができます」などというXの説明があったことを記載している。起訴後、Xの弁護人は、犯人性を争い、Xには、ピッキングの技術はないと主張した。検察官は、「被告人にピッキングの技術があること」という立証趣旨で、「引き当たり捜査報告書」の証拠調べを請求した。弁護人は、これに対して「不同意」の意見を述べた。Kの真正作成証言があれば、この「引き当たり捜査報告書」は全体として証拠採用できるか？

【答え】　これは実況見分調書の一種であるから、作成者Kの真正作成証言があれば、刑訴法321条3項に拠って伝聞例外となるので、証拠採用できる。Kは、Xに錠を開けるように指示しているので、それに応じたXの動作は供述ではない。したがって、この書類に貼った写真は、Xの供述の記録ではなく、Kによる観察の報告である。また、Xの説明は、写真の意味を理解するために必要な指示説明なので、再伝聞証拠とはならず、実況見分調書の一部として伝聞例外になる。「開けることができます」というXの説明は、

---

11)　平成17年判例（痴漢再現報告書事件）の調査官解説もこれを指摘している。『最高裁判所判例解説刑事編平成17年度』（法曹会、2008年）345頁〔芦澤政治〕。

不利益事実の承認のようにも見える。しかし、この報告書からXの開錠能力を推認できるのは、現にXが錠を開けるところをKが観察したと報告しているからであって、Xが「開けることができる」と語ったからではない。だから、この説明の記載が再伝聞証拠として働くことを心配する必要はない。

　このような再現実験による被告人の身体能力の証明が自白という性質を持たないようにするためには、被疑者に犯行の再現を求めてはいけない。犯行の再現を求めた場合には、それに応じて再現する動作は、自白となり、その記録は再伝聞証拠になってしまう。第1章**例題13**（014頁）と本章**例題11**は、そのような例である。それを避けるためには、この例題のように、捜査官が被疑者に、するべき行動を明示的に指示しなければならない。その指示に従って行う動作であれば、犯行を再現する供述にはならない。令和5年司法試験の出題に現れる開錠能力の立証のための実況見分調書の設例も、その例である。

　ただし、弁護人としては、事実認定者がこのような実況見分の結果を被告人の自白と受け取ることがないように注意するべきである。

【例題11】　Xは、Vを殺害したうえで、その死体を乗用車の運転席に載せ、桟橋から車を押して海に落として事故を装ったという殺人と死体遺棄の訴因について起訴された。弁護人は、犯人性を争っている。検察官は、司法警察員Kが作成した実況見分調書の証拠調べを請求した。この実況見分は、車が海中から発見された現場で、発見されたのと同じ型の車を使い、Vと同じ重さの人形をVの死体に見立てて行った。Kは、Xに対して、犯行当時と同じ方法で実験車両を海中に転落させるよう、求めた。するとXは人形を車の運転席に乗せてから、後部バンパーを持ち上げて、車を海中に落とした。Kはこの経過を実況見分調書にまとめた。調書には再現実験の経過を記載するとともに、Xの動作を撮影した7枚の写真が貼ってある。それぞれの写真に、「私は、助手席の被害者をこのように運転席に移動させました」、「私は、このように車の後部バンパーを持ち上げました」などというXの説明が記載してある。検察官の立証趣旨は、「被告人が本件車両を海中に沈めることができたこと」である。この実況見分調書は、Kの真正作成証言によって、刑訴法321条3項の伝聞例外として採用できるか？

【答え】　これは、平成21年司法試験の出題を単純化した設例である。この設例の特徴は、再現実況見分調書の立証趣旨が、一般的な「再現状況」ではな

く、死体遺棄の実行行為に関する被告人の犯行能力であることである。出題者の期待は、この立証趣旨の特色に着目して、この事案が痴漢再現報告書事件の判例とは事案を異にすることに気付くことであろう。この要求は、司法試験の出題としては難しすぎる。実際、「採点実感等に関する意見」を見ると、出題者と問題意識を共有できた答案が少なかったことが分かる。

それでも、出題意図は理解できる。この立証趣旨では、要証事実は、Xに訴因のような死体遺棄行為を行う身体能力があったこととなる。この場合、Xの動作は供述証拠として使われるのではないから、写真は再伝聞証拠にはならない。また、Xの説明は、写真の意味を理解するために必要な指示説明だから、全体として321条3項の伝聞例外として採用できるというのが、出題者が期待する解答だったであろう。

しかし、この設例には、「出題趣旨」が言及していない、もう1つの問題点がある。それは、この再現実験の際、KはXに犯行の再現を求めていることである[12]。Kが真正作成証言でこの過程を供述するのを聴き、実況見分調書中のXの説明記載を読んだ裁判官と裁判員は、Xが死体遺棄を自白したと受け取ることが避けられない。これは、立証趣旨と実況見分の方法とが対応していないことを示している。

もし、自白の任意性が争われている状況であれば、立証趣旨を被告人の身体能力に限定しても、Xの再現動作が自白と受けとられる弊害はこの証拠の有用性を上回るので、法的関連性を否定するべきであろう。それに対して、他に任意性のある自白が証拠採用されている状況なら、弊害は少ないので、設例のような立証趣旨で実況見分調書を採用することができる。他に自白がない状況であれば、検察官はXの再現写真を「犯行再現状況」という立証趣旨で、刑訴法321条3項と322条1項に拠り、319条1項の任意性要件の下で、証拠請求することができる。それによって、Xの身体能力も立証できる。

この設例から分かるように、非伝聞になる要証事実のとらえ方で関連性のある証拠であっても、それを採用すると伝聞証拠として作用するおそれが大きいときには、採用するべきではない。この判断は、証拠の有用性と弊害な

---

12) この点は、第1章注8)（015頁）でも指摘した。別冊法学セミナー『新司法試験の問題と解説2009』（日本評論社、2009年）114頁〔川崎英明〕も、この点に着目している。

いし弊害のおそれとの比較衡量である[13]。それは、どんな事案で、何が争点になり、それについて他にどんな証拠があるかによって、変わりうる事例ごとの判断となる。

4 │ 同意の効果

当事者の同意による伝聞証拠の採用可能性については、第11章で詳しく解説する。ここでは、実況見分調書の証拠採用への同意の効果についてだけ触れておく。問題は、検察官からの実況見分調書の証拠請求に対して被告人側が同意した場合、刑訴法326条1項に拠って、立会人の指示説明部分、あるいはさらに現場供述の記載を再伝聞証拠として使うことまで可能となるのかどうかである。

【例題12】 例題1の事例を変えて、弁護人が、実況見分調書の証拠採用に「同意する」という意見を述べたので、裁判所は実況見分調書を採用したとする。この場合、裁判所は、実況見分調書中のWの説明記載から、WがXの犯行を目撃したと推認してよいか?

【答え】 裁判実務家の中では、このような同意の効果は、立会人の指示説明を再伝聞証拠として使うことまで及ぶという理解が有力である[14]。事実について争いのない事案では、そのような運用でも問題は少ないであろう。しかし、実況見分調書に同意する弁護人の通常の意図は、真正作成証言を要求しないことである。しかも、指示説明部分のそのような利用は、「現場の状況」という検察官の立証趣旨を超えている。したがって、原則的には、同意の効果は真正作成証言を不要とすることに止まり、立会人の説明を立会人の供述証拠として使うことまでは及ばないと考えるべきである[15]。

【例題13】 例題1の事例で、弁護人は、実況見分調書の証拠採用のためにKの真正作成証言を求める必要はないと考えた。しかし、Wの供述の証明力は争う予定なので、Wの説明部分をWの供述証拠として使われることは避

---

13) 濱田毅「非伝聞の許容性と『衡量基準』」同志社法学73巻6号（2021年）95頁以下は、伝聞法則の適用に際してのこのような比較衡量の必要性を詳しく説明している。

14) 石井一正『刑事実務証拠法〔第5版〕』（判例タイムズ社、2011年）185頁。

15) 松尾浩也監修・前掲注4) 980頁。

けたいと考えたとする。弁護人は、どのような証拠意見を述べるべきか？

【答え】実況見分調書の証拠採用に弁護人が単純に同意した場合、裁判所は、立会人の説明の記載を独自な供述証拠として使うこともできると考えるおそれがある。それを避けるために弁護人は、「実況見分調書の採用には同意する。ただし、Wの説明部分を再伝聞証拠として使うことには同意しない」と、意見を述べるべきである。

5 | 第7章のまとめ

　実況見分調書中の立会人の指示説明の記載は、実況見分の経過と調書の意味を理解するのに必要な限度で、実況見分調書の一部として刑訴法321条3項の要件によって採用できる。しかし、その立会人の説明を立会人の供述証拠として使うことは、再伝聞証拠となるので、同項の伝聞例外の範囲を超える。このことは、動作による供述を撮影した写真についても同じである。

　現場指示として許される立会人の供述記載でも、事実認定者に供述証拠としての心証を与えるおそれはある。立会人の指示説明を実況見分の意味を理解する限度でだけ使うという情報の使い分けは、とくに裁判員に難しい判断を要求することになる。そこで、事実に争いのある事件では、立会人の指示説明のある実況見分調書を証拠調べするよりも、刑訴規則199条の12に拠り、実況見分調書中の見取り図を証人に示して尋問する方が分かりやすいであろう[16]。

---

16) 山崎学『公判前整理手続の実務〔第2版〕』（弘文堂、2020年）51頁は、最近の裁判実務では、争いのある事実は法廷での証言で立証するという傾向から、実況見分調書自体を証拠採用する例は少なくなっているという。

第8章

供述のビデオ記録の伝聞例外

1 | 録音録画された供述の伝聞例外

　刑訴法321条の2と321条の3は、いずれもビデオに録音録画された供述を公判期日での証人の主尋問の代わりに用いることを許す伝聞例外である。その目的すなわち必要性の根拠が、質問の繰り返しによる証人の負担を減らすことにある点でも共通する。

　しかし、2つの規定の伝聞例外の体系の中での位置は異なる。321条の2は、他事件での証人尋問の記録を対象とするので、321条1項1号に対する特則となる。それに対して、321条の3は、公判外で行われた司法面接の記録を対象とするので、321条1項3号に対する特則となる。

2 | 321条の2の伝聞例外

　本条は、他事件でのビデオリンク方式による証人尋問（刑訴法157条の6第1項・2項）の録音録画記録がその一部とされた調書（同条2項・3項）について、「その調書を取り調べた後、訴訟関係人に対し、その供述者を証人として尋問する機会を与え（る）」ことだけを条件に伝聞例外を認める。これは、尋問を繰り返すことによる証人の負担を軽減するための特則である。その信用性の情況的保障は、記録された供述が証人尋問として行われていることと、事後的であるにせよ改めて法廷で供述者への反対尋問の機会が与えられることである。典型的には、先に起訴された共犯者の公判での証人尋問の記録が、この規定の適用対象となる。

　証人が再度の尋問を受けることができない状況では、本則に戻って321条

1項1号前段が伝聞例外の根拠規定となる。

この調書の取り調べ方法は、法廷でのビデオの再生による（305条5項本文・321条の2第2項）。

本条に拠って取り調べられた証言記録の内容は、295条1項前段および321条1項1号・2号の適用については、公判期日において証言したとみなされる（321条の2第3項）。したがって、重複する尋問は制限され、これと相反する内容を録取した検面調書は、2号後段の適用対象となりうる。

3 | 321条の3の伝聞例外

2023年の性刑法の改正に際して、新たな伝聞例外規定として本条ができた。性犯罪の被害者などが証言する負担を減らすために、司法面接の手法による聴取の記録を証人の主尋問に代えて用いることが、その主たる目的であり、それが伝聞例外の必要性の根拠である。

司法面接とは、特に子どもから虐待の被害を聴き取るために開発された面接の手法である。本人の負担を少なくすると同時に、できるだけ供述を誘導しないためのさまざまな技法が体系化されている[1]。本条を適用できる聴取の記録は、必ずしも特定の手順書に従ったものに限られないものの、司法面接と呼ぶのにふさわしい水準で行われたものでなければならない。従来の実務で司法面接を意識して行われてきた聴取が、すべてこのような水準に適うかどうかは、議論がある。司法面接という特別な供述採取方法と供述者に対する法廷での事後的な反対尋問の機会があることが、信用性の情況的保障である。

具体的には、321条の3第1項が列挙する性犯罪または児童に対する一定の罪の被害者が一定の情況の下で聴取を受けてした供述をその供述状況とともに終始録音録画した記録媒体が対象となる。ただし、性犯罪などの被害者以外でも、「犯罪の性質、供述者の年齢、心身の状態、被告人との関係その他の事情により、更に公判準備又は公判期日において供述するときは精神の平穏を著しく害されるおそれがあると認められる者」の面接記録も対象とな

1）　司法の技法について、仲真紀子編著『子どもへの司法面接』（有斐閣、2016年）、同「児童虐待と司法面接」法律時報94巻11号（2022年）49頁以下参照。

りうる。この条件に当たれば、目撃者に対する司法面接の記録も、対象となりうる。

　この規定を適用するために必要な聴取の情況の条件は、次のイおよびロの措置が「特に採られた情況」である。「イ　供述者の年齢、心身の状態その他の特性に応じ、供述者の不安又は緊張を緩和することその他の供述者が十分な供述をするために必要な措置、ロ　供述者の年齢、心身の状態その他の特性に応じ、誘導をできる限り避けることその他の供述の内容に不当な影響を与えないようにするために必要な措置」。

　ただし、このような条件を備えた司法面接の記録がある場合でも、証拠能力の付与は無条件ではない。「聴取に至るまでの情況その他の事情を考慮し相当と認めるとき」という条件がある。「聴取に至るまでの情況」として特に重要なのは、司法面接前の不用意な問いかけによって、記憶の汚染が生じていないかどうかである[2]。そのような記憶汚染のおそれが大きければ、本条を適用するのは相当ではない。「その他の事情」としては、法廷で主尋問を受けることが供述者にとって過大な負担になるかどうかが重要である。性犯罪の被害者とされる者であっても、本人が法廷で証言することを望む場合のように、公判で主尋問を受けることが過大な負担にならないのであれば、この規定を適用するのは相当ではない。

　この規定に拠り録音録画記録を再生したときは、供述者をさらに証人として尋問する機会を訴訟関係人に与えなければならない（321条の3第1項）。それが事後的な反対尋問の機会となる。

【例題1】A警察署に、A市内のMから、Mの子で8歳の女児であるVが、近所に住むXから、わいせつ行為をされたという被害届があった。A警察署の警部補Kは、司法面接について雑誌記事で読んだことはあったものの、それを行うために特別な訓練を受けたことはなかった。それでも、できるだけ優しい態度で，供述を誘導しないように気をつけながらVから被害を聴き取り、その一部始終を録音録画した。その記録媒体は、刑訴法321条の3第1項により証拠採用するのに適するか？

【答え】適さない。捜査官が行う取調べ一般において、供述者の負担を軽く

---

2)　特に子どもに対する不用意な問いかけが記憶の変容をもたらしやすいことについて、仲編著・前掲注1）41-49頁〔仲〕参照。

し、なるべく誘導をせずに多くの情報を聴き取るように配慮するべきことは、当然である。上記イとロの措置が「特に採られた」というためには、そのような通常期待される配慮をしただけでは足りない。司法面接の技法を研修と訓練によって習得した者が、定式化された手順に従って行ったことが必要である。K警部補には、そのような知識、経験はなかったから、この規定を適用するのは適切ではない。

　刑訴法321条1項が供述を聴き取った主体によって伝聞例外の条件を分けているのに対して、321条の3は公判外での聴取の方法に着目して要件を定めているところに特徴がある。そのため、検察官が司法面接を行った場合には、321条1項2号と新規定である321条の3との関係が問題となる。従来の高裁判例には、検察官が行った司法面接の記録を2号書面として採用したものが少なくない[3]。一つの理解は、新規定は2号書面とは別個の要件で異なる使い方を許すものであるから、2号の効果に影響を持たず、これらの判例は今後も維持されるというものである。

　しかし、前にみたように（71頁）検面調書を特に緩やかな条件で伝聞例外とする321条1項2号は、検察官は取り調べに当たって反対尋問的な問いもしつつ、客観証拠との整合性も確かめながら、信用できると判断した供述を選択して調書に録取するだろうという期待に基づいている。それに対して、司法面接ではできるだけ誘導を避けつつ、対象者との良好な関係を保ちながら、その供述をすべてそのまま記録するので、検察官が取調べとして行う供述録取とは性質が異なる。司法面接は、検察官らしさが発揮される聴取方法ではないから、その記録は、検面調書と同様に扱うには適さない。もともと、検察官が司法面接を担当することは、面接の中立性という観点からは好ましくない。それでも検察官が司法面接を行うのなら、捜査官による参考人取調べとして行うのではなく、面接の専門家として行うべきである。そうすると、同じく司法面接の記録のなかで検察官が行った場合にだけ特に正確な供述が

---

3)　この改正以前に、検察官による司法面接の記録を刑訴法321条1項2号前段の伝聞例外として採用した裁判例として、大阪高判令3・4・16高刑速（令3）号425頁 LEX/DB 25593926、2号後段の伝聞例外と認めた裁判例として、東京高判令2・12・21高刑速（令2）号281頁 LEX/DB 25591624、大阪高判令2・8・27 高刑速（令2）号418頁 LEX/DB 25591646、大阪高判令1・7・25判タ1475号85頁などがある。

得られると考えるべき理由はない[4]ので、2号を適用すべき実質的な根拠がない。したがって、供述者の証人尋問ができない場合などに司法面接の記録を321条1項に拠って採用するためには、検察官が行ったものであっても2号ではなく、3号の適用対象とするべきである。

　321条の3に拠って取り調べたビデオ記録の内容は、295条1項前段の適用については、公判期日に証言したものとみなされるので、重複する尋問は制限される（321条の3第2項）。それに対して、321条1項1号・2号の適用については、公判供述とみなされないことに注意すべきである。321条の3に拠って取り調べられた司法面接での供述と相反する内容の同一人の検面調書があったとしても、321条1項2号後段の適用対象とはならない。これも本条が、321条の2と異なる点である。その背後には、司法面接の対象となった者に更に検察官がふつうの取調べをして供述調書を作ることは避けるべきだ、という配慮も窺える。

【例題2】A警察署にMから、「10歳の娘Vが、私の同棲していた相手であるXからわいせつ行為を受けた」旨の被害届があった。警察は児童相談所、検察庁と協議して、検察官Pが三機関を代表してVから事情を聴取することになり、面接を行った[5]。後に起訴されたXは、起訴事実を否認した。検察官がP検事による聴取のビデオ記録の証拠調べを請求したのに対して、弁護人は「不同意」の意見を述べた。そこで検察官が、刑訴法321条の3に拠ってビデオ記録を証拠採用するように求めたのに対して、弁護人は、次の2点を主張した。①検察官が行った被害聴取は中立性がないので、その記録は同条の対象にはならない。②仮に同条の適用対象になり得るとしても、本件ではXに対する疑いを持ったMが、Vを何度も問い詰めた結果、VがXからの被害を語るようになったという経緯が窺われるので、同条に拠って証拠採用するのは相当ではない。検察官は、聴取の経緯を立証するためにMとP検事の証人尋問を求め、裁判所は、いずれも採用した。2人の証人尋問

---

4)　木田秋津「司法面接の現状と課題」刑事法ジャーナル76号（2023年）49頁、川出敏裕「司法面接の記録の証拠利用」後藤昭代表編集『裁判員時代の刑事証拠法』（日本評論社、2021年）277頁など。

5)　従来の実務で、このようないわゆる代表者聴取は、検察官が行うことが多い。是木誠「司法面接の手法を活用した代表者聴取の取組の現状と課題」刑事法ジャーナル76号（2023年）37頁以下参照。

と検察官に提示させたビデオ記録の検討の結果、裁判所は、P検事が行った聴取の方法自体は司法面接として必要な条件を備えていたものの、その前に疑いを持ったMがVを繰り返し問い詰めた後に被害供述が得られたという経緯があるから、面接のビデオ記録を321条の3に拠って証拠採用するのは相当ではないと判断した。そこで検察官はVの証人尋問を請求して、採用された。しかし、公判期日に尋問を受けたVは、被害に関わるすべての質問に対して「わかりません」と繰り返すのみで終始した。この場面で、検察官は、P検事による面接のビデオ記録を他の伝聞例外に当たるとして証拠請求することができるか？

【答え】Vの証言態度は、供述不能に当たるものの、他の伝聞例外規定による採用はできない。まず、上に解説したとおり、検察官による司法面接の結果の記録を刑訴法321条1項2号書面として採用すべきではない。また、これが仮に2号前段書面に当たると考えるとしても、この設例では供述内容を信用できない特別な情況があるので、採用するべきではない（74頁参照）。同項3号の書面としても、絶対的特信情況が認められないので、証拠採用はできない。

　検察官による司法面接を受けた者が、公判でふつうの証人尋問を受けて、司法面接時とは相反する証言をした場合には、問題がいっそう顕在化する。この場合、通常の取調べによる検面調書なら2号後段で採用する可能性があるのに、より客観的な聴取方法である司法面接の記録は採用できないのは矛盾ではないかという疑問がありうる。しかし、司法面接の記録の中で、検察官が行ったものだけを特に優遇して伝聞例外とする合理的な根拠は見いだせない[6]。

---

6)　より詳しくは、後藤昭「司法面接の記録に対する伝聞法則の適用」小坂井久編集代表『取調べの可視化　その理論と実践』（現代人文社、近刊予定）所収参照。

第9章

被告人の公判外供述

1 | 条文を読む

刑訴法 322 条は、次のように定める。

「被告人が作成した供述書又は被告人の供述を録取した書面で被告人の署名若しくは押印のあるものは、その供述が被告人に不利益な事実の承認を内容とするものであるとき、又は特に信用すべき情況の下にされたものであるときに限り、これを証拠とすることができる。ただし、被告人に不利益な事実の承認を内容とする書面は、その承認が自白でない場合においても、第319 条の規定に準じ、任意にされたものでない疑があると認めるときは、これを証拠とすることができない。

被告人の公判準備又は公判期日における供述を録取した書面は、その供述が任意にされたものであると認めるときに限り、これを証拠とすることができる。」

これは、被告人の供述代用書面を伝聞例外とするための要件を定める条文である。すでに解説したとおり、証拠法の文脈で「被告人」とは、当該証拠によって自らの罪責の有無を判断される者をいう。共同被告人や共犯者とされる者は、この「被告人」ではない。

1 項が被告人の供述代用書面の採用条件に関する原則規定であり、2 項は公判準備または公判期日における供述の記録の特則である。2 項は、任意性要件だけで伝聞例外を認める。公判準備や公判期日での被告人の供述に任意性がないという事態は稀であるから、ほとんど無条件に伝聞例外を認めることになる。したがって、ここでの「公判」とは、321 条 2 項の場合と同様に、同一被告事件の公判に限られる。すなわち公訴事実も被告人も同一でなけれ

ばならない。2項を適用する必要が生じるのは、公判の途中で裁判官が交替したために、公判手続を更新する場合（刑訴法315条）や、上訴審、差戻し審で被告人の公判供述の記録を証拠とする場合である。

324条1項により、被告人の公判外供述を内容とする他の者の供述の伝聞例外要件は、322条に従う。したがって322条1項は、被告人の公判外供述一般の伝聞例外要件を定める規定となる。

同条1項の形式的な要件は、被告人の供述書であるか、あるいは被告人の供述録取書で被告人の署名若しくは押印があることである。供述録取書についてだけ原供述者の署名・押印を要求するのは、321条1項と同様である。ただし、同条項と異なり、誰に対する供述であるかによる区別はない。供述録取書の典型は、捜査官が被疑者を取り調べて作る供述調書である。判例は、逮捕後の弁解録取書や裁判官による勾留質問調書も1項の対象とする[1]。

そのうえで322条1項は、前段と後段に分かれる。前段固有の要件は、「不利益な事実の承認を内容とする」ことである。それに加重する但し書きの要件として、319条1項に準じて承認の任意性に疑いがあってはいけない。不利益事実の承認の典型は、自白である。そして、自白には、319条1項の自白法則が直接に適用される。したがって、322条1項但し書きの任意性要件が適用されるのは、自白以外の不利益事実の承認についてである。但し書きの意味は、自白以外の不利益事実の承認に自白法則を拡張することにある。前段には、特信情況の要件はない。

それに対して、1項後段の固有な要件は絶対的特信情況である。供述内容についての限定はない。典型的には被告人に有利な供述がこれに当たる。弁護人がこの伝聞例外の適用を主張する例としては、自白の任意性を争うために、捜査段階での取調べの情況を被告人が記録した被疑者ノートの証拠調べを請求するような事例が考えられる（第13章**例題11**参照、196頁）。ただし、被告人自身にとって有利な供述に特信情況が認められる例は多くはない。また、被告人は通常、法廷で自由に語ることができるので、公判外の有利な供述を伝聞例外とする必要は、あまり生じない。

そこで、本条の適用例のほとんどは、1項前段の「不利益な事実の承認を

---

1) 最判昭27・3・27刑集6巻3号520頁（弁解録取書事件）、最決昭58・7・12刑集37巻6号791頁（別件逮捕後の勾留質問調書事件）。

内容とする」公判外供述である。本条は、伝聞例外の必要性要件を明文では定めていない。このことは、後に見るように、解釈運用上の問題を生じさせる。

被告人の供述代用書面を検察官が証拠請求するときには、乙号証として請求するのがふつうの運用である。そのため、刑事実務で単に「乙号証」というと、被告人の自白調書を指すことが多い。

2 | 不利益事実の承認

[1] 不利益の意味

「不利益」とは、当該被告事件の認定について、被告人に不利な事実を意味する。その典型は自白である。他に、犯罪事実の一部だけを認める供述や犯行を否定しつつ有罪方向の間接事実を認める供述もこれに当たる。構成要件該当行為を認めつつ、正当防衛を主張するような供述も、不利益事実の承認である。それに対して、民事上不利益な事実や自己の犯罪でも当該被告事件と関係ないものの供述は、不利益事実の承認には当たらない。このような解釈は、後に見るようにこの条文の基になった英米法の「承認（admission）」の概念から導かれる。

【例題 1】 X は、居酒屋「江指」で居合わせた V と喧嘩になり、その腹いせに「江指」を出てくる V を待ち伏せして暴行し、傷を負わせたという傷害の訴因について起訴され、否認している。検察官は、他の証拠調べの後、X の署名押印のある司法警察員に対する供述調書で、次のような内容のものの証拠調べを請求した。「『江指』で V と喧嘩になり、腹が立った。外で待っていて、出てくる V を痛めつけてやろうと思った。しかし、道には人通りが多かったので、諦めてそのまま帰宅した。」弁護人は、この請求に対して「不同意」意見を述べた。裁判所は、この調書を証拠採用してよいか？

【答え】 この調書の内容は、被告人の否認供述である。しかし、いったんは V に対する暴行を考えたという供述は、動機の存在という不利益な間接事実の承認である。したがって、供述の任意性に疑いがなければ、刑訴法322条1項前段によってこの調書を証拠採用できる。

【例題 2】 工務店を営む X は、V 宅を訪れて「お宅の屋根は傷み始めている。早く修繕しないと大事になる。今なら100万で済む。」と嘘を告げて、V を

騙し、形だけの工事をして代金 100 万円を受けとったという詐欺の訴因について起訴された。X は、V 宅を訪れたことも、屋根の修繕を持ちかけたことも、代金を受けとったこともすべて否認している。検察官は、V が X から受け取ったとして警察に任意提出したという X 名義の領収書の証拠調べを求めた。そこには、屋根の修繕代金として、V から 100 万円を受けとった旨の記載がある。検察官の立証趣旨は「被告人が屋根の修繕代金を V から受領したこと」である。この請求に対して、弁護人の意見は「不同意」である。裁判所は、この領収書を証拠採用するべきか？

【答え】この設例は、平成 30 年の司法試験出題の一部を単純化したものである。領収書は、X が V から修繕代金として 100 万円を受けとったという事実を述べる供述書である。それを代金受け取りの事実を立証するために使うのは、すなおに考えれば刑訴法 320 条 1 項が禁止する供述代用書面となる[2]。しかし、被告人 X の供述書であり、100 万円の受け取りは、訴因の詐欺の実行行為の一部であるから、不利益事実の承認に当たる。そして、任意性に疑いはない。したがって、322 条 1 項前段に拠って、証拠採用するべきである。

【例題3】X は、2023 年 10 月 11 日午後 9 時ころ東京都渋谷区内の V 宅で窃盗をした、という訴因について起訴された。弁護人は、X の署名押印のある司法警察員に対する供述調書で、次のような内容のものの証拠調べを請求した。「私は、V 宅で窃盗をしていない。2023 年 10 月 11 日午後 9 時ころ、私は神奈川県川崎市内で、通りかかった女性からハンドバッグを奪っているので、アリバイがある。」検察官は、これに対して「不同意」意見を述べた。裁判所は、この調書を証拠採用できるか？

【答え】被告人は、この調書で自己の犯罪を語っている。しかし、それは訴因である窃盗についてはアリバイを主張する供述だから、不利益事実の承認には当たらない。特信情況を認めることができれば、刑訴法 322 条 1 項後段に拠って、採用は可能である。ただし、被告人は、法廷で同じ供述をすることができるので、調書を伝聞例外として採用する必要性は、通常は乏しい。なお、そもそも不利益事実の承認を被告人の側から証拠請求できるかどうかについては、後に考える。

---

2) 領収書を非伝聞とする説については、142 頁参照。

不利益かどうかの判断は、証拠採用のときが基準になる。供述時に不利益になると予想できたかどうかは、基準ではない[3]。

【例題 4】山梨県上野原市に住む X は、2023 年 10 月 9 日午後 10 時ころ東京都八王子市内の V 宅で強盗殺人をしたという嫌疑で、逮捕・勾留された。勾留中の司法警察員の取調べに対して、X は次のように語り、供述調書に署名押印した。「私は、2023 年 10 月 8 日夜に、買い物のため八王子市に行った。しかし、9 日には八王子に行っていない。だから、V に対する強盗殺人の犯人ではない。」その後の捜査によって、V に対する強盗殺人の日時は、一日早い 10 月 8 日夜であった可能性が高まった。検察官は、10 月 8 日夜を犯行時とする訴因について、X を起訴した。公判前整理手続で、検察官は上記の司法警察員に対する供述調書の証拠調べを請求し、弁護人は「不同意」意見を述べた。裁判所は、この調書を証拠採用するべきか？

【答え】この供述内容は、供述時には X にとって有利な事実であった。しかし、起訴状の訴因との関係では、不利益な間接事実を認める内容となっている。したがって、任意性に疑いがなければ、刑訴法 322 条 1 項前段に拠って、調書を証拠採用するべきである。

[2] 伝聞例外の根拠

連邦証拠規則 801 条 (d)(2) は、反対当事者が提出する相手方当事者の法廷外供述を非伝聞とする。反対当事者が提出するという条件から、当該事件で相手方当事者に不利になる供述がその対象となる。この種の供述は、伝統的に「承認 (admission)」と呼ばれている。民事、刑事共通の法則であり、その適用範囲は当事者本人だけではなく、代理人の供述、さらには共謀過程ないし共謀に基づく実行過程での共犯者の供述にまで及ぶ。これが非伝聞とされるのは、自分自身に対する反対尋問はもともとあり得ないからだと説明されている。

日本の刑訴法 322 条 1 項前段がこの「承認」の法則を継受した法則であることは明らかである。そのため、日本法についても、これは伝聞例外ではなく、伝聞法則不適用の場合であると説明する説がある[4]。しかし、先に考え

---

3) 松尾浩也監修『条解刑事訴訟法〔第 5 版〕』（弘文堂、2022 年）952-953 頁。

4) 鈴木茂嗣『刑事訴訟法〔改訂版〕』（青林書院、1990 年）210 頁。

第 9 章　被告人の公判外供述　127

たように、日本の伝聞法則は、事実認定者が供述を直接に聴くべきであるという直接主義の要請も含んでいる。公判外での被告人による承認は、やはり伝聞証拠であり、本条は伝聞例外と位置づけるのが自然である[5]。

　そこで、被告人による承認が伝聞例外となる理由が問題である。多くの論者は、それは不利益な事実をあえて語るのは、ふつうはそれが真実だからであるから、信用性の情況的保障があると説明する[6]。しかし、そのような経験則は、自白の証明力の過大評価による誤判の原因となってきた。それを避けるために自白に補強証拠を要求する日本法（憲法38条3項・刑訴法319条2項）が、他方で法廷外での被告人の不利益供述に一般的に特信情況があるとみなしたとは考えにくい。また、そのような根拠の説明は、「不利益」が訴因の認定上の不利益に限られていて、民事上の不利益や、供述時の不利益性を基準としないという一般的な理解とも合わない。刑訴法322条1項前段と後段を結ぶ接続詞が「その他（の）」ではなく、「又は」であることも、前段の根拠が信用性の情況的保障ではないことを示唆する。

　承認が伝聞例外とされるのは、信用性の情況的保障があるからではなく、一種の信義則の表現と考えられる。当事者が自身の語った事実を争うなら、自分の供述をなかったことにするのは許されず、その発言について法廷で説明するべきであるという考え方である[7]。アメリカ法で、承認が代理人の供述まで広げられているのも、そのような考え方の延長として、代理人の発言にも責任を負うべきだという思想として理解できる。

[3] 必要性の問題

　日本法において、被告人の承認が伝聞例外である以上、本来は、必要性要

---

5) 宇藤崇ほか『刑事訴訟法〔第2版〕』（有斐閣、2018年）401頁〔堀江慎司〕。

6) 安冨潔『刑事訴訟法〔第2版〕』（三省堂、2013年）357頁、松尾浩也『刑事訴訟法下〔新版補正版〕』（弘文堂、1997年）45頁、田宮裕『刑事訴訟法〔新版〕』（有斐閣、1996年）386頁など。

7) これに近い説明として田宮裕・松尾浩也『刑事訴訟法の基礎知識』（有斐閣、1966年）159-160頁〔田宮〕、平野龍一『刑事訴訟法』（有斐閣、1958年）212頁参照。上口裕『刑事訴訟法〔第5版〕』（成文堂、2021年）391頁は、禁反言として説明する。アメリカでの承認の扱いに関するこの種の説明について、田淵浩二「刑事訴訟法322条の原理と解釈」法制研究84巻3号（2017年）17、35頁参照。

件があるべきである。条文はそれを明示していないものの、運用上、被告人の同旨の公判供述がある場合には、公判外供述は必要ないので、証拠採用するべきではない。そうすると、被告人の承認を伝聞例外として採用するべき場面は、公判で被告人が供述しないか、または異なる供述をした場合である[8]。

【例題5】 Xは、営利目的で覚醒剤を輸入したという訴因について起訴された。公判前整理手続で検察官は、Xの検察官に対する供述調書の証拠調べを請求した。その立証趣旨は、「犯行に至る経緯および犯行状況」である。それに対して、弁護人は「不同意。任意性は争わないが、Xは法廷で供述する予定なので、調書の取調べは必要ない」という意見を述べた。裁判所は、この調書の採否をどうするべきか？

【答え】 立証趣旨から考えて、この調書の内容はXによる自白であると推測できる。しかも、任意性に争いはない。したがって、刑訴法322条1項前段の伝聞例外要件に一応は当たる。しかし、弁護人によれば、Xは法廷で黙秘や否認ではなく、犯罪事実を供述する予定である。調書の内容が公判供述で再現されれば、調書を証拠とする必要はなくなる。そこで、裁判所は調書の採否を保留して、公判審理で被告人の供述を聴くべきである。その結果、調書の取調べが不要になれば、検察官はこの調書の請求を撤回することが予想できる。

　このように、被告人の自白調書の任意性に争いがない場合でも、調書を先に採用せず、法廷での被告人質問の結果を見て、不要になれば調書は証拠としない審理の方法を被告人質問（AQ）先行方式と呼ぶ。最近の実務運用では、裁判員事件を中心に非裁判員事件も含めて、この方式が広がっている[9]。これは結果的に、不利益事実の承認にも伝聞例外としての必要性要件を課すのと同じである。

　被告人が法廷で、捜査段階では自白したことを供述しつつ、自白は真実ではなかったと述べる場合がある。第10章で解説するように、これも伝聞供述であり、伝聞例外の要件は324条1項に従うべきである（151頁）。そうすると、捜査段階での自白を内容とする被告人自身の公判供述は、刑訴法324

---

8)　堀江慎司「伝聞法則と供述調書」法律時報84巻9号（2012年）29、31-32頁。

9)　村井宏彰「非裁判員事件における審理方法」季刊刑事弁護95号（2018年）32-33頁参照。

条1項の準用と322条1項前段に拠り、実質証拠となる。この状況でも、捜査官に対する自白の内容は法廷で再現されているので、供述調書を証拠採用する必要はない。この場合、供述調書を見ることよって信用性の判断がより適切にできるという見方があるかもしれない。しかし、供述調書は、録取者の描いた事件の構図が反映するので、それを読むことはかえって生の供述から遠ざかることになる。

【例題6】 X は、経理担当として勤務する会社の預金から勝手に現金100万円を引き出して着服したという業務上横領の訴因について起訴されて、事実を否認している。検察官は、他の証拠調べの後に、X の検察官に対する供述調書の証拠調べを求めた。その内容は、訴因事実についての自白である。それに対して弁護人は、「不同意。任意性は争わないが、被告人質問でこの自白についての供述をするから調書は必要ない」という意見を述べた。裁判所は調書の採否を保留して、被告人質問をさせた。弁護人の問いに対して、X は、起訴前の検察官の取調べに際して横領を認める供述をしたこととその具体的な内容を語った。そして、X は、その自白をした理由を次のように説明した。「自白しないで争うと勾留が続き、起訴された後でもなかなか保釈されないと聞いていた。高齢の母親の介護ができないのが心配で、早く釈放してほしいばかりに嘘の自白をした。」裁判所は、X の自白調書を証拠採用するべきか?

【答え】 自白の任意性には争いがないので、現実の裁判所は刑訴法322条1項前段に拠り、この調書を採用する可能性がある。しかし、調書の内容は、法廷での被告人の供述に現れている。この供述は324条1項の準用と322条1項前段に拠り、実質証拠となる。また、自白調書を読んでも、X がその供述をした動機はわからない。したがって、伝聞例外として調書を採用する必要はないので、証拠請求は却下するべきである。

[4] 被告人側からの証拠請求

実務では、弁護人が刑訴法322条1項前段を根拠に、不利益事実の承認を内容とする被告人の供述調書の採用を請求する例がある。たとえば、構成要件事実を認めつつ正当防衛を主張する供述調書が、そのような請求の対象となり、これを採用する裁判所もある。

しかし、承認が伝聞例外とされる根拠から、その立証趣旨は被告人にとっ

て不利な事実でなければならない。それを被告人側が証拠請求することは想定できない。アメリカ法でも、承認は相手方当事者の供述に限られる。

【例題7】Xは、Vに対する傷害の訴因について起訴され、正当防衛を主張している。弁護人は、Xの捜査段階での司法警察員に対する供述調書で正当防衛を主張する内容のものの証拠調べを請求した。立証趣旨は「正当防衛の成立」である。検察官の「不同意」意見に対して、弁護人は「刑訴322条1項前段に拠り採用するべきである」と主張した。裁判所は、この調書を証拠採用するべきか？

【答え】不利益事実の承認として伝聞例外を採用するためには、その立証趣旨は被告人に不利益な事実でなければならない。正当防衛はそれに当たらないので、その立証趣旨での本条前段による証拠請求は認められない。そのように考えても、被告人は法廷で自由に供述することができるので、立証の大きな制約にはならない。調書の証拠請求が、捜査の初期から被告人の供述が一貫していたことを示す目的であれば、それは刑訴法328条の適用の問題となる。

　なお、検察官がこの設例の調書を322条1項前段に拠って証拠請求した場合、不利益事実の承認と一体を成す利益な供述、すなわち正当防衛の供述も同時に証拠能力を持つと考えるのが公平である[10]。その場合、裁判所は、この調書から正当防衛を認定することができる。

---

3 ｜ 自白調書採用の手順

　検察官は、被告人の自白調書をふつう乙号証として請求する。弁護人の意見が「不同意」の場合、その後の採用の手順は、論理的には次のような経過になる。

① 裁判所は、検察官の対応を尋ねる。
② 検察官は「内容は被告人の自白であるから、刑訴法322条1項前段に拠る採用を求める」と意見を述べる。
③ 裁判所は、弁護人に、任意性を争うかどうかを尋ねる。

---

10) 江家義男『刑事証拠法の基礎理論〔改訂版〕』（有斐閣、1952年）131頁参照。

④　この問いに対して、弁護人は、「任意性を争う」、「任意性は争わないが、必要性がない」、あるいは「任意性は争わないが、信用性を争う」と答える。任意性を争う場合には、裁判所はさらに任意性を疑う理由を示すように求めるのがふつうである[11]。信用性だけを争う場合には、証拠能力についての争いではないので、322条1項前段に拠って証拠採用する。

　しかし、実際の法廷では、弁護人が「不同意」意見の場合、多くの裁判所は直ちに、任意性を争うかどうかを尋ねる。それは、対象が被告人の供述調書で、立証趣旨が「犯行状況」などであれば、その内容は自白であることが想像できるからである。そうすると、検察官が刑訴法322条1項前段に拠る証拠採用を求めることが予想できるので、裁判所は先回りして任意性についての弁護人の意見を訊くことになる。

　そこで慣れた弁護人は、被告人の自白調書の証拠請求に対して、「不同意」意見を述べる場合には、任意性を争うのか、必要性を争うのか、信用性を争うのかを同時に示す。さらに、任意性を争う場合には、任意性を疑うべき理由を説明できるように準備する。公判前整理手続では、自白調書の任意性を争う場合、法律上の予定主張として明示する必要がある。さらに、任意性を否定するための立証を予定している場合は、事実上の予定主張として明示して、証拠調べを請求しなければならない（刑訴法316条の17第1項・2項）。

【例題8】 Xは、Vに対する強盗致傷の訴因について起訴された。裁判所は、事件を公判前整理手続に付した。検察官は、乙号証の1つとして、Xの検察官に対する2023年10月11日付け供述調書の証拠調べを請求した。立証趣旨は「犯行状況」である。弁護人LがXから言い分を聴くと、Xは次のように説明した。「私は、Vに対する強盗をしていない。勾留中の10月9日にK警部から、『お前のアパートで押収したジャンパーから、Vさんと完全に一致するDNA型の血痕が見つかった。裁判所が信頼している鑑定人の鑑定だ。それでも否認するなら、検事は懲役15年くらいの求刑をするだろう』といわれた。私のジャンパーにVの血痕が付いているはずはないけれど、そんな鑑定書があるなら有罪にされてしまうと思い、怖くなって少しで

11）　このような問いは、自白の任意性について立証責任には検察官にあるが、被告人側に争点形成責任があるという理解に基づく。

も刑を軽くしたいという気持ちになって、嘘の自白調書に署名してしまった。その２日後にＰ検事の調べを受けたときも、鑑定の話を信じていたので、同じように自白調書に署名してしまった。」Ｌが開示を受けた証拠や証拠の一覧表を確かめると、Ｘの服について血痕の鑑定が行われた形跡はない。また、刑訴法316条の15第１項７号の類型証拠として開示を受けた、10月９日の取調べのビデオ記録を見ると、確かにＫ警部が血痕鑑定の話をしていることがわかった。Ｌは、Ｋ警部がＸに嘘を告げて自白させたので、偽計による自白として任意性を争うことにした。弁護人Ｌは、公判前整理手続で何をするべきか？

【答え】弁護人Ｌは、まず、この検察官の証拠調べ請求に対して、「不同意。任意性がない」という証拠意見を述べるべきである（刑訴法316条の16第１項）。そのうえで、法律上の予定主張として、「Ｘの検察官に対する自白は、司法警察員の重大な偽計の結果としての供述なので、任意性がない」という予定主張を示すべきである。また、事実上の予定主張として、「Ｋ警部は、被告人のジャンパーからＶと一致するＤＮＡ型の血痕が発見されたという虚偽の事実を告げて、被告人を取り調べた。その後の検察官に対する自白も、その影響下の自白である」という主張を示すべきである（316条の17第１項）。そのうえで、10月９日のＫ警部によるＸ取調べのビデオ記録の証拠調べを請求するべきである（同条２項）。

　自白の任意性に関する審理の方法は、自白法則の問題なので、ここで詳しくは見ない。ただ、2019年から施行された2016年改正後の刑訴法301条の２に拠って、取調べの録音録画が要求される事件では、任意性の立証方法について新たな要求が入ったことに注意したい。すなわち、検察官が被告人の捜査官に対する供述を322条１項前段に拠って証拠調べ請求したのに対して、弁護人が任意性を争った場合、検察官はその供述がされた取調べの初めから終わりまでを録音録画した記録媒体を証拠請求しなければならないのが原則となる。例外規定に当たらないのに、この記録媒体の証拠請求がない場合、裁判所は、322条１項前段に拠る証拠請求を却下しなければならない。今後、この義務規定に当たらない事件も含めて、取調べの録音録画記録を不利益事実の承認の任意性の有無の判断に用いる例が増えるであろう。

4 | 画像記録の扱い

[1] 犯行再現画像

被告人が、犯行を再現した動作を写した写真は、供述写真であり、刑訴法322条1項前段の適用対象である。撮影と画像再現の過程は機械的な記録だから、本人の署名・押印は不要である。ただし、第7章で解説した（108頁）とおり、被疑者に動作で再現させてそれを撮影する過程は実況見分の性質を持つから、321条3項に従い、再現写真を不利益事実の承認として証拠採用するためには、撮影者による真正作成証言が必要である。

それは、被告人による犯行再現を撮影したビデオ記録でも同様である。このような犯行再現ビデオを証拠採用する条件として真正作成証言が必要かどうかは、議論がある[12]。しかし、第7章で見た最決平17・9・27刑集59巻7号753頁（痴漢再現報告書事件）が、被告人による犯行再現写真を証拠とするために撮影者の真正作成証言が必要だとしたことに照らすと、ビデオの場合も同様にそれが必要になるはずである。

【例題9】 X は、綿ロープで V を絞殺したという嫌疑で、逮捕・勾留された。勾留中に、容疑を認めていた X に対して、司法警察員 K は、人形を V に見立てて、絞殺を再現するように求めた。綿ロープは、X 宅で押収したのと同じ物を用意した。X はこの求めに応じて絞殺行動をして見せた。K はその様子をビデオ撮影した。その後、X は、V 殺害を否認するに至った。検察官は、X を殺人罪について起訴した。公判前整理手続で検察官は「被告人による犯行再現状況」という立証趣旨で、K が撮影したビデオの記録を複製した DVD の証拠調べを求めた。弁護人は、これに対して「不同意」の意見を述べた。裁判所がこの DVD を証拠採用するためには、どのような条件が必要か？

【答え】 ビデオの内容と立証趣旨から、要証事実は X が再現したとおりの犯行をしたことである。そのため、X の公判外供述を供述証拠として使うことになるので、刑訴法320条1項の伝聞証拠に当たる。しかし、内容が X の自白に当たるので、322条1項前段の伝聞例外要件がある。他方で、内容

---

12) 大阪刑事実務研究会『刑事証拠法の諸問題（上）』（判例タイムズ社、2001年）189-192頁〔榎本巧〕参照。

が自白であるから、319条1項に拠り再現の任意性に疑いがないことが必要である。ビデオは機械的な記録なので、Xの署名・押印は要らない。しかし、Xに再現動作をさせて撮影する捜査手段は、実況見分の性質を持つから、証拠採用のためには、321条3項に拠り、Kの真正作成証言が必要である。

[2] 取調べの録音録画記録

前述のとおり、2016年の刑訴法改正により、一定の事件では逮捕・勾留中の被疑者取調べの全過程を録音・録画することが原則となった。自白調書などの任意性が争いになった場合、検察官はこのビデオ記録を証拠提出しなければならない（刑訴法301条の2）。

この改正法の施行に先だって、すでに捜査実務では取調べの録音録画がかなり広範に行われている。そして、検察官はそのような録音録画記録の媒体を実質証拠として取調べ請求するようになっている。実質証拠としてという意味は、自白の任意性あるいは信用性判断の目的ではなく、被告人の供述内容である犯行を立証するための証拠とするという意味であるから、伝聞例外としての使用になる。このような取調べビデオを実質証拠として利用することが適切かどうかについては、現在議論が続いている。

肯定説の何よりの根拠は、刑訴法322条1項前段である[13]。この条文は、書面化された被告人の公判外自白の証拠能力を認める。また、同項と324条1項に拠り、被告人の自白を聴いたという取調官の伝聞証言も許される[14]。そうすると、それよりも生の供述に近く、情報量の多い取調べビデオ記録の利用を禁じる理由がないという理解である。

それに対して、否定説は直接主義と公判中心主義を根拠とする[15]。捜査過

---

13) 峰ひろみ「被疑者取調べの録音・録画記録媒体活用を巡って」研修842号（2018年）3頁、清野憲一「捜査段階の供述立証に関する問題解決に向けた一考察」判例時報2312号（2017年）14、17-19頁など参照。

14) この点は、後の章で改めて確認する。

15) 牧野茂・小池振一郎編『取調べのビデオ録画—その撮り方と証拠化』（成文堂、2018年）、法学セミナー750号（2017年）特集『取調べの可視化とは何だったのか』、季刊刑事弁護91号（2017年）特集『取調べ上映会を許すな！——録画媒体実質証拠化の危機』各所収の論文参照。

程での供述採取が、裁判所の証拠調べを支配してはいけないとも表現できる。また、取調べに対して被告人が自白する映像を観ると、裁判官や裁判員が強い印象を受けて、証明力を過大評価するおそれがあるという考慮もある。なお、取調べの場面を被疑者の正面からだけ撮影した映像を観た者は、被疑者が任意に真実を語っていると判断しやすい傾向があることは、しばしば指摘される法と心理学の知見である[16]。

　裁判官の間には、取調べビデオを実質証拠として使うことに消極的な傾向が見える。「法廷がビデオ上映会になってはいけない」という表現が、それを象徴的に表す。東京高判平28・8・10高刑集69巻1号4頁（取調べビデオの必要性事件）は、検察官が実質証拠として請求した被告人の取調べビデオについて、必要性がないとして却下した原判決の判断を是認した。この判決は、法廷とは異なる取調べの場での被告人の供述態度などをビデオで観ることによって自白の信用性を判断するのは難しいと指摘している[17]。

　現行刑訴法322条1項を前提とすると、被告人の取調べビデオは実質証拠として一切採用できないという理解は、困難である。しかし、それを採用するためには、伝聞例外としての必要性がなければならない。被告人が法廷で自白を繰り返している場合には、その必要はない。また、上に述べたように、被告人が法廷で、捜査官に対して自白したことを認めつつ、その内容は事実に反していたと説明するような場合も、被告人の供述を通じて公判外の自白が実質証拠となるので、取調べビデオを実質証拠とする必要はない。上の東京高裁判決の事案もそのようなものであった。このような場合でも、自白の信用性を判断するために取調べビデオを観る意味があるという意見がありうる。しかし、取調べビデオを観て、そこで被告人が真実を語っているのかを判断することは難しい[18]。それを試みることは、直観的な印象による誤った判断に陥る危険が大きいので、避けるべきである。

　そうすると、被告人の取調べビデオを実質証拠として322条1項前段に拠

---

16)　指宿信『被疑者取調べ録画制度の最前線』（法律文化社、2016年）290-303頁参照。

17)　反対に、弁護人の同意によって採用された取調べビデオを有罪証拠とした例として、東京高判平30・4・25高刑速（平30）号158頁、LEX/DB 25449487。

18)　東京高判平30・8・3判時2389号3頁（今市事件控訴審）は、取調べビデオ記録を見て自白の信用性を判断するという方法の危険性を指摘している。

り採用すべき状況は、被告人が法廷で、否認して、かつ以前にも自白はしていないと主張するか、または黙秘する場合に限られる。そのような状況では、検察官が取調べビデオ記録によって被告人の自白を立証することを禁止できないであろう。

【例題10】 Xは、Yと共謀してVから現金100万を脅し取ったという恐喝の訴因について起訴され、犯行への関与を否認している。しかし、法廷でXは、弁護人の質問に答えて、起訴前の検察官の取調べに対しては犯行を認める供述をしたことを認めた。その自白の理由について、Xは、次のように説明した。「自分はYから誘われて加わっただけだと供述して、証言することも約束すれば、検察官は自分を起訴しないだろうと思って嘘をいった。しかし、その後弁護人を通じて、検察官がそのような取引に応じないことが分かったので、今は本当のことをいう。」Xの検察官に対する供述調書はあるが、Xの署名・押印はない。検察官は、捜査段階で検察官がXを取調べた状況を録音録画した記録媒体の証拠調べを請求した。立証趣旨は、「被告人の自白内容」である。弁護人は、「不同意。必要性なし」と意見を述べた。裁判所は、このビデオ記録を証拠採用するべきか？

【答え】 これは、取調べビデオの実質証拠としての証拠請求である。設例でXは、検察官に対して犯行への関与を認める供述をしたことを法廷で認めている。したがって、刑訴法324条1項準用・322条1項に拠り、検察官に対する自白が証拠となる。また、取調べビデオを観ても、Xがどんな動機で自白しているのかを判断することはできない。したがって、このビデオ記録を証拠調べする必要性はないので、却下するべきである。

5 ｜ 第9章のまとめ

　刑訴法322条1項前段は、被告人の自白など、不利益事実の承認に当たる公判外供述が広く伝聞例外となることを認める。そのための要件は、319条1項の任意性である。このような法制度は、現行刑訴法が、この部分でドイツ法的な直接主義ではなく、英米法の伝聞法則の伝統を引き継いだ結果である。しかし、これは伝聞例外であるから、伝聞例外としての必要性を厳密に考えたうえで、採用するべきである。また、アメリカ法は、自白を含む「承認」を広く非伝聞とする一方で、ミランダ法則（Miranda v. Arizona, 348 U.S.

436）によって自白の任意性判断に厳格な条件を課していることに注意するべきである。日本法でも、被告人の不利益供述の任意性判断は厳格でなければならない。

第10章

業務上書面・伝聞供述・再伝聞

1 業務上書面

[1] 条文を読む

　刑訴法323条は、次のように定める。

「第321条から前条までに掲げる書面以外の書面は、次に掲げるものに限り、これを証拠とすることができる。

一　戸籍謄本、公正証書謄本その他公務員（外国の公務員を含む。）がその職務上証明することができる事実についてその公務員の作成した書面

二　商業帳簿、航海日誌その他業務の通常の過程において作成された書面

三　前二号に掲げるもののほか特に信用すべき情況の下に作成された書面」

　これは、業務上定型的に作成されるために正確性が期待できる書面を伝聞例外とするための条文である。記憶に頼る証言よりもむしろ書面の方が信頼できることが伝聞例外の必要性の根拠であり、作成者の供述不能は要件ではない。

[2] 本条各号の書面

　このような趣旨から考えて、1号の証明書は、その種の証明書を発行することが当該公務員の定型的な業務として想定されているものでなければならない。それによって、客観性が保障されるからである。戸籍謄本（戸籍記載事項証明書）のほか、登記簿謄本（登記事項証明書）、市町村が発行する印鑑登録証明書、住民票の写し、住民票記載事項証明書などがその例である。特定の事件での事実の立証のため特別に作成した書面は、このような客観性の

保障がないので、1号には当たらない。そのため、捜査官が作成する現行犯逮捕手続書、捜査報告書などは、1号に当たらない。

【例題1】Xに対する覚醒剤取締法違反被告事件で、X方居室で司法警察員Kが差し押さえたという覚醒剤の証拠能力が問題になった。弁護人は、Kは現場にいたXの妻Fの要求にも拘わらず、捜索差押え許可状をFに示さないまま捜索差押えをしたなど、証拠物押収の過程に重大な違法があるので、この覚醒剤を証拠から排除すべきであると主張した。検察官は、捜索差押えの過程が適法であったことを立証するために、「Fに捜索差押え許可状を示したうえで捜索に着手した」旨の記載のあるK作成の捜索差押え調書の証拠調べを請求した。弁護人は、これに対して「不同意」の意見を述べた。この場面で捜索差押えの適法性の立証は厳格な証明によると仮定して、裁判所は、この調書を刑訴法323条に拠って採用できるか？

【答え】この捜索差押え調書は、K自身が捜査過程の適法性を示すために作成したものであり、正確性の客観的な保障はないので、323条1号の書面には当たらず、2号、3号に拠っても採用できない。

【例題2】Xに対する窃盗被告事件の公判で、Xは罪責を争わなかった。検察官は、「被告人の前科」という立証趣旨で、検察事務官C作成の前科調書の証拠調べを請求した。弁護人が「不同意」意見の場合、裁判所はこの前科調書を証拠採用してよいか？

【答え】前科調書は、犯歴事務規程に基づいて検察庁がコンピューターに保管する前科の記録から犯歴担当事務官が被告人の分を抜き出して作成する文書である。これを作成する作業は定型的な業務であるから、本条1号の書面に当たると考えて採用してよい[1]。

【例題3】Xは、5歳の女児Vをわいせつ目的で誘拐したという訴因について起訴され、わいせつ目的の存在を争っている。検察官は、「被告人にわいせつ目的があったこと」という立証趣旨で、Xが6年前に受けた判決書謄本の証拠調べを請求した。この謄本は裁判所書記官が作成したもので、判決の内容は、Xが5歳の女児をわいせつ目的で誘拐したことを認定する有罪判決である。この判決は、上訴なく確定している。弁護人は、これに対して「不同意。関連性もない。」という意見を述べた。裁判所が、この場面でX

1）　名古屋高判昭25・11・4高刑特14号78頁、LEX/DB 27913508。

の同種前科事実に有罪立証のための関連性を認めると仮定して[2]、この判決書謄本を証拠採用してよいか？　もし採用した場合、そこから判決の認定した被告人の前科行為を認定してよいか？

【答え】まず、裁判所書記官が作る判決書謄本は、同じ内容の判決書原本が存在することの証拠として、刑訴法323条1号に当たる。そのうえで、確定判決が認定した事実自体をそこから推認できるかどうかについては、説が分かれる[3]。否定説は、判決は裁判官の意見であって、証拠にはならないという考え方である。たしかに確定判決をした裁判官自身は、被告人の犯行を体験したわけではない。これに対して肯定説は、厳格な訴訟手続の結果として認定された事実は、後の裁判でも正しいと推定してよいという考え方である。再審事由を定める刑訴法435条1号〜4号も、確定判決がその認定した事実の証拠となることを想定している。もし確定判決の認定自体を証拠とせずに被告人の前科事実を立証しなければならないとすると、被告人が前科の事実を否認した場合にもう一度前科事実を元の証拠から立証しなければならないという困難が生じる。確定判決が同じ被告人に対する判決である場合には、前の訴訟で争う機会が保障されていたと推定できるから、確定判決をその認定事実を推認する証拠として使うことを許すべきであろう[4]。ただし、その根拠は本条1号ではなく3号である。

　戸籍謄本や登記簿謄本を証拠とした場合、戸籍や登記簿の原本にそれに対応する記載があることを認定できる。さらに、それらの記載の基となった届出や申請があり、それが受理されたことも推認できる。

　2号の典型は、商業帳簿と航海日誌である。判例が刑訴法323条2号に該当するとした書面として、登録米穀販売業者であった被告人が販売のつど記入していた未収金控帳[5]、イカ釣船団の各漁船が毎日定時に操業位置、漁獲

2）　犯罪の主観的要素と前科事実の関連性について、最決昭41・11・22刑集20巻9号1035頁（寄付金詐欺前科事件）参照。

3）　説の分岐について詳しくは、河上和雄ほか編『大コンメンタール刑事訴訟法〔第2版〕第7巻』（青林書院、2012年）681-682頁〔岡部信也・中川博之〕参照。

4）　連邦証拠規則803条22項も、被告人の一定以上の罪に関する過去の有罪判決を伝聞例外として認める。

5）　最決昭32・11・2刑集11巻12号3047頁（未収金控帳事件）。この判例は控帳が自白の補強証拠となることも認める。

高などを相互に連絡し合った内容を記録した受信記録[6]などがある。銀行の預金通帳や病院の診療録なども2号に当たるであろう。それらの電磁的記録も同様に扱ってよい。特定の事件の捜査過程で捜査官が作る報告書、捜索差押調書などは、2号にも当たらない[7]。

3号の「特に信用すべき状況の下に作成された書面」という文言は、抽象的で広く適用できそうにも見える。しかし、「前二号に掲げるものの外」という文言が示すように、定型的な業務の過程で作成されたものに限るべきである。私的な記録であっても、専ら業務の内容を毎日記録した書面は、これに当たる[8]。いわゆる裏帳簿も、3号に当たる[9]。このような書面は、正確に記載しないと作成者自身が困ることになるので、正確に記録する動機があるからである。したがって、ここでも1号、2号と同様に特定の事案についての調査結果の報告書は、3号にも当たらない[10]。

[3] 領収書の扱い

領収書ないし領収証は、金銭の受け取りを内容とする作成者の供述書である。それを記載のとおりの受領があったことの証拠とすることは、供述代用書面となる。現金登録機（レジスタ）が打ち出すレシートは、定型的な業務上の文書なので、323条2号の書面に該当する。しかし、個別に手書きで作る領収書は、一般的には2号または3号に当たらない[11]。

---

6) 最決昭61・3・3刑集10巻2号175頁。なお、刑務所での受刑者の面会の記録を2号に当たるとした高裁判例として、大阪高判令3・1・28高刑速（令3）号319頁LEX/DB 25571361。

7) 大阪高判令2・4・9高刑速（令2）号374頁LEX/DB 25591640。

8) 東京地決昭53・6・29判時893号8頁。

9) 東京高判昭37・4・26高刑集15巻4号218頁、前掲注6）大阪高判令3・1・28。なお、東京地判平15・1・22判タ1129号265頁は、ストーカー事件の被害者が被告人から電話があるたびに、日時、内容などを記録していたノートが本条3号に当たるとした。この事案では、被害者が職場の同僚の協力も得て、決まった書式で継続的に記録していたことから、業務上作成の文書に準じると考えたのであろう。

10) 東京高判昭34・11・16下刑集1巻11号2343頁は、国税庁監察官が検察官の要請に基づいて納税義務者の所得を調査した結果の報告書が、本条3号に当たらないとした。

11) 東京地決昭56・1・22判時992号3頁。これに対して、松尾浩也監修『条解刑事訴訟法〔第5版〕』（弘文堂、2022年）959頁は、自署または実印の押印のある領収書には3号の適用が考えられるという。

ただし、近年の学説では、領収書が非伝聞証拠になりうるという説が有力である。領収証が発行されて相手方がそれを保管しているという事実が、金銭の授受があったことの間接事実となるという理解である[12]。これは、領収証を授受するという行為が単なる供述を超えた行動としての性質を持つと考えるのであろう。これと少し異なり、領収証の作成者と相手方との認識ないし供述の一致から、非供述証拠として金銭の授受が推認できるという見解もある[13]。

　しかし、作成者と相手方が通謀して嘘の領収書を作る事例もある。また、複数人の認識ないし供述の一致が非供述証拠になるという説明は、第3章で触れたとおり（043頁）、伝聞証拠でも複数が一致すれば非伝聞になるというのと同じで、伝聞証拠の定義からは無理な説明である。

　領収書が相手方に渡っているという事実から推認できるのは、両者の間に領収書を授受する何らかの動機があったことに止まる。それを超えて、領収書に記載したとおりの金銭の授受があったと推認するには、領収書を伝聞証拠として使うほかはない。領収書非伝聞論は、嘘の領収書が作られる危険に対して無警戒である。

【例題4】弁護士であるXは、妻との離婚を望む資産家Vからの依頼を受けて、着手金の他に調査費用として200万円を預かった。Vの離婚は協議離婚により速やかに実現した。Vが、Xに預けた調査費用の精算を求めたところ、Xは、相手方の素行調査のため興信所に190万円を支払ったので、残りは10万円だと説明した。VはXが調査費用を着服横領したと考えて、検察庁に告訴した。検察官は、Xを業務上横領の訴因について起訴した。Xの弁護人は、「Vのために調査費用を支出したこと」を立証趣旨として、渋谷興信所所長D名義の領収書の証拠調べを請求した。そこには、「V氏依頼案件調査費用」として、190万円をX弁護士から受け取った旨の記載がある。検察官は、これに対して「不同意」の意見を述べた。Dは、すでに病

---

12)　上口裕『刑事訴訟法〔第5版〕』（成文堂、2021年）368頁。

13)　大澤裕「伝聞証拠の意義」『刑事訴訟法の争点〔旧シリーズ第3版〕』（有斐閣、2002年）182、183頁、堀江慎司「伝聞証拠の意義」『刑事訴訟法の争点〔新シリーズ〕）』（有斐閣、2013年）166-167頁。なお、濱田毅「非伝聞の許容性と『衡量基準』」同志社法学73巻6号（2021年）174-178頁は、領収書の非伝聞証拠としての利用可能性を詳しく検討している。

死している。弁護側証人となった元渋谷興信所事務員Wは、「この領収証は、たしかに渋谷興信所で使っていた用紙に、Dの筆跡と印鑑で書かれたものである。しかし、X弁護士との金銭のやり取りについて、自分は直接には関与していないから知らない」と証言した。裁判所は、この領収書を非伝聞証拠として採用できるか？　伝聞例外としては、どうか？

【答え】この領収書を非伝聞証拠として使うとすれば、そこから推認できるのは、Dにとって、この領収書をXに渡す何らかの理由があったことに止まる。それを超えて、DがXから調査費用として190万円を受領したと推認するには、領収書を供述証拠、すなわち伝聞証拠として採用しなければならない。この領収書は、刑訴法323条の伝聞例外には当たらない。しかし、Dは死亡しており、他に調査費用支出の事実を証明する証拠がない場面では、不可欠性はある。領収証を書くことは、民事上、自己に不利益な供述なので、通常は信用できる。そこで、DがXと示し合わせて嘘の領収証を作ったことを窺わせる事情がない限りは、321条1項3号の伝聞例外として採用してよいであろう[14]。

　ただし、他の者に金銭を払って領収書を受け取ったと証言する者がいる場合、それに対応する領収書の存在は、証言の信用性を裏付ける効果があるので、非伝聞となる。

2 | 伝聞供述

[1] 条文を読む

　刑訴法324条は、次のように定める。「被告人以外の者の公判準備又は公判期日における供述で被告人の供述をその内容とするものについては、第322条の規定を準用する。

　被告人以外の者の公判準備又は公判期日における供述で被告人以外の者の供述をその内容とするものについては、第321条第1項第3号の規定を準用する。」

---

14)　平成30年の司法試験では、第9章例題2（125頁）で示したような設例で、被告人が作成した領収証の非伝聞的な利用の可能性も問うている。しかし、322条1項前段で伝聞例外が認められる事例なので、非伝聞的利用を考える実益は少ない。

321 条から 323 条までが供述代用書面の伝聞例外要件を定めているのに対して、この 324 条は、伝聞供述の伝聞例外要件を定めている。ただし、被告人の公判外供述を内容とする伝聞供述は 322 条の要件に準じ、被告人以外の者の公判供述を内容とする伝聞供述は 321 条 1 項 3 号の要件に準じるとして、実質的には供述代用書面の要件を準用している。これらの元の条文にある署名・押印の要件は、伝聞供述にはあり得ないので、不要である。その代わり、原供述の再現の正確性は、法廷での尋問によって吟味されることになる。

　法廷での供述が伝聞供述か、それとも供述者の直接体験を語る供述かの区別が問題になる場合がある。

【例題 5】X は、V 女を傷害して死に至らせたという傷害致死の訴因について起訴され、否認している。公判で、V の娘 D は検察側の証人となって、X による V に対する犯行を目撃した旨を証言した。弁護人の反対尋問で、次のようなやり取りがあった。

　　弁護人：あなたは、先ほど、V さんはあなたのお母さんだと証言されましたね？
　　D：はい。
　　弁護人：あなたは、ご自分が V さんから生まれたという記憶があるのですか？
　　D：そんなことは記憶がないのがふつうでしょう。
　　弁護人：裁判長、V が自分の母親であるという D さんの証言は、伝聞供述であることが分かったので、証拠から排除して下さい。

　この弁護人の異議には、理由があるか？

【答え】この異議には理由がない。V は自分の母親だという D の証言は、生物学的な親子関係ではなく、自分が V の娘として育ったという家族関係を述べていると理解すべきである。それは自身の体験供述であって、伝聞供述ではない[15]。

【例題 6】X は、V 宅に押し入って、V とその妻 F に模造けん銃を突きつけ

---

15) 最決昭 26・9・6 刑集 5 巻 10 号 1895 頁が、証人自身および年の近い姉妹の年齢についての供述を伝聞供述ではないとしているのは、これと似ている。

て抵抗できないようにして現金17万円を強取したという強盗の訴因について起訴され、否認している。Fは、その後病死した。Vの主尋問で次のようなやり取りがあった。

検察官：強盗の犯人に見覚えがありましたか？

V：大きなマスクを付けていたので、そのときは分かりませんでした。しかし、翌朝になって、妻Fが、「昨日の強盗犯人は、何年か前にうちに来たことのある息子Sの同級生Xだったと思う」と言い出したので、私もそれに気づきました。

弁護人：異議あり。伝聞供述です。

検察官：Fさんの発言は、V証人が犯人を想い出すきっかけになっただけで、伝聞供述ではありません。

裁判所は、この異議の扱いをどうするべきか？

【答え】裁判所は、検察官にさらに発問を促すか、あるいはVに自ら発問して、強盗犯人はXだったというV自身の記憶があるのか、それともFが犯人はXだったといったから自分もそれが正しいと思うのかを確認するべきである。答えが前者であれば、伝聞の異議は棄却すればよい。ただし、その場合でも証明力評価においては、Vの記憶がFの発言の影響を受けていることに留意するべきである。それに対して、Vの答えが後者であれば、伝聞証拠として扱い、検察官に伝聞例外を主張するかどうか確認するべきである。

[2] 適用例

証人W1が、W2の公判外供述を証言する場合を例にして、この例外要件の適用を確認する。W2が被告人であれば、刑訴法322条が伝聞例外の要件となり、W2が被告人以外の者であれば、321条1項3号が伝聞例外要件となる。ここでの「被告人」とは、これまでの解説から分かるとおり、当該供述によって自らの罪責を判断される者を指す。

【例題7】公務員Xは、Yから賄賂を受け取ったという収賄の訴因について起訴され、事実を否認している。公判立ち会い検察官P1の手許には、捜査段階で検察官P2が作成したXの供述調書がある。しかし、それにはXの

署名・押印がない。検察官 P1 は、P2 の証人尋問を請求して採用された。法廷で証人となった P2 は、主尋問に対して次のように語った。「X は、私が調べました。<u>私に対して X は、『確かに Y から 300 万円の賄賂を受け取った』と話しました</u>。しかし、弁護人から、調書には署名するなと言われているといって、署名・押印はしませんでした。」この下線部分の証言に対して、弁護人は、「異議あり。伝聞供述です」と述べた。裁判所は、どう判断するべきか？

【答え】この P2 の証言は、被告人 X の供述を内容とする伝聞供述である。したがって、刑訴法 324 条 1 項に拠り、322 条 1 項が伝聞例外の要件となる。X の原供述は、被告人の自白であるから「不利益な事実の承認」に当たる。そこで、319 条 1 項の任意性に疑いがなければ、伝聞例外として採用できる。供述調書の代わりに、このような捜査官の伝聞供述を認めることに反対する見解もある。しかし、それはむしろ供述調書の証拠利用に慣れてしまった結果の感覚であろう。条文上、このような伝聞供述を禁止する根拠はない[16]。

【例題 8】X は、V 女に対する不同意性交致死の訴因について起訴され、犯人ではないと主張している。検察官は、V の生前の男友達 W の証人尋問を請求して、採用された。立証趣旨は、「被告人に動機があったこと」である。W は、公判期日に検察官の主尋問に答えて、「V が亡くなるひと月ほど前、一緒に食事に出かけたとき、彼女は X のことについて私に話しました。そのとき彼女は、『X は、私が出勤するころに駅で待っていたりしてつきまとうから、気味が悪い』と言いました。」弁護人は、これに対して、「異議あり、伝聞供述です」と述べた。なお、W は捜査過程で一時は本件の犯人ではないかと疑われたことがある。この W の証言を採用するための要件は何か？その中で、特信情況は誰の供述について必要か？

【答え】これは、被告人以外の者 W が、他の被告人以外の者 V の公判外供述を語る供述だから、刑訴法 324 条 2 項に拠り、321 条 1 項 3 号の要件が必要となる。なお、この V の原供述が心理状態の供述に当たらないことは、第 3 章例題 14（046 頁）で確認した。V は死亡しているので、供述不能である。そして他に有力な証拠がなければ、この証言は、犯罪事実の証明に不可

---

16) 東京高判平 3・6・18 判タ 777 号 240 頁（検察官自白証言事件）も、このような捜査官証言を認める。

欠である。さらに、Vの原供述が「特に信用すべき情況」でされたことが必要である。

　学習者は、ここでWの証言に特信情況が必要だと誤解することがある。たしかに、Wは利害関係を持つので、その証言の信頼性は、慎重に吟味するべきである。しかし、それは伝聞供述に特有な問題ではない。伝聞例外の要件として必要なのは、Vの原供述に特信情況が認められることである。それは、321条1項が本来は供述代用書面についての規定であることからも明らかである。

[3] 自己の供述を内容とする供述

　改めて刑訴法320条1項を見直すと、伝聞供述を「公判期日外における他の者の供述を内容とする供述」と定義している。そうすると、まず他の者の供述を内容としても、それが公判期日における供述であれば、禁止の対象ではない。この公判期日とは、もちろん同一被告事件の期日をいう。さらに難しい問題は、公判供述者が自らの以前の供述を語る供述が伝聞供述かどうかである。これは従来あまり議論されていないけれど、日本の伝聞法則中の難問の1つである。

　条文の文言を文字通りに受け取れば、自身の供述を内容とする供述は伝聞証拠ではないように見える。実際、最近はそのような見解が現れている[17]。また、それとは異なる論理の形をとりながら、実質上同じ結果を主張する見解もある。それは、証人や被告人が法廷での尋問、質問の中で自身が以前捜査官に対して一定の供述をしたこと認めた場合には、前の供述の内容は真実ではないと法廷で語る場合でも、以前の供述を実質的に引用しているから、それが公判供述に取り込まれるという理解である[18]。この理解は、自身の以前の供述を内容とする供述は伝聞証拠ではないという解釈と同じ結果をもたらす。解釈論としては、このような「取り込み」論よりも、自己の供述を内容とする供述は伝聞証拠ではないと説明する方が簡明である[19]。

---

17)　岡慎一「取調べの録音録画記録媒体の証拠利用」季刊刑事弁護91号（2017年）48、50頁。

18)　清野憲一「捜査段階の供述立証に関する問題解決に向けた一考察」判例時報2312号（2017年）14、25-27頁参照。

現行刑訴の立法の際に、この「他の者」という表現をどれくらい意識的に用いたのかは分からない。しかし、法廷で供述する者が自身の以前の供述を語る場合も、その以前の供述は公判外供述であるから、それを供述証拠として使うのは理論上、伝聞証拠に当たる。もしこれが伝聞証拠ではないとすると、たとえば、趣旨Ａの供述をした証人Ｗが、反対尋問で以前同じ事項についてＡとは矛盾する趣旨Ｂの供述をしたことを認めたら、即座にＢという趣旨の公判外供述が実質証拠になる。そのような結果は、これまでの刑訴法328条や321条1項2号後段に関する議論に反する。これまでの議論は、暗黙の内にそれを実質証拠として用いるのは伝聞証拠禁止の対象となることを前提としていた。

　自己の以前の供述を内容とする供述と「他の者の供述」を内容とする供述が異なる点は、前者については、法廷での供述時に事後的な反対尋問が可能であるという点である。しかし現行法は、刑訴法321条3項のような特別の書面以外は、事後的な反対尋問の機会があることを理由に伝聞証拠を使うことを許していない。自己の以前の供述を内容とする供述も、伝聞証拠として扱うべきである[20]。

【例題9】ＸはＶに対する傷害の訴因について起訴され、事実を否認している。検察側証人W1は公判期日に、「ＸがＶを襲うのを見た」と証言した。弁護人は、反対尋問として「あなたは、事件直後にW2と遇ったとき『Ｖを襲った犯人はＹだった』と言いませんでしたか？」と尋ねた。W1は、「たしかに、W2にそのように話したことはあります。しかしそれはＸを庇うための嘘でした」と答えた。この下線部分の証言は、実質証拠となるか？

【答え】証人自身の以前の公判外供述を内容とする供述も伝聞供述になると

---

19)　清野・前掲注18）は、証人に提示した被害再現写真の内容あるいは証人に提示した電子メールが、いずれも証言に引用された限度で証言の一部となるとした最決平23・9・14刑集65巻6号949頁（被害再現写真提示事件）と最決平25・2・26刑集67巻2号143頁（電子メール提示事件）を根拠に、事前の供述を実質的に引用すれば公判供述の一部になるという。しかし、前者の判例は証人が被害の状況が写真のとおりであったと証言した事例である。後者の判例は、メールの内容を供述証拠として使うことを認めたのではないから、いずれも問題の意味が異なる。

20)　詳しくは、後藤昭「自己の供述を内容とする供述と伝聞法則」『新倉修先生古稀祝賀論文集　国境を超える市民社会と刑事人権』（現代人文社、2019年）225頁以下参照。

すれば、この下線部分の証言は実質証拠にはできない。それは刑訴法328条に拠って、W1の公判証言の信用性を低める補助証拠としてだけ許される[21]。

【例題10】 XはVを恐喝して現金100万円を交付させたという訴因について起訴された。Xは、Vから100万円を借りた後で自分が病気になったため返せなくなっただけで、Vを脅かしてはいないと主張している。検察側証人となったVは、法廷で「Xから借金を頼まれた。利息を払うというので、貸してやった。Xから脅されてはいない」と証言した。検察官の手許には、Vの捜査段階での検察官に対する供述調書で「Xから、『金を貸さないなら、お前の店に火をつける』と脅されて、怖くなって100万円を渡した」という内容のものがある。それにはVの署名押印もある。検察官は、主尋問を続けて、「あなたは、この事件について検察庁で事情を聴かれたとき、『Xから、金を貸さないなら店に火をつけると脅されて怖くなって100万円を渡した』と話しませんでしたか？」と訊いた。Vは、「確かにそのように検事さんには話しました。しかし、それは当時、金を返さないXを懲らしめたいと思って言ったことで、本当ではありません」と答えた。その後の主尋問、反対尋問の結果、裁判所は、Vの公判証言より、捜査段階で検察官に語った供述の方を信用すべき特別の情況があると判断した。裁判所は、Vの検面調書を証拠採用しないまま、下線部分の証言を実質証拠として採用できるか？

【答え】 下線線分は、Vが自身の以前の供述を語る供述である。それも伝聞証拠であると考える以上、刑訴法324条2項に拠り、321条1項3号の要件がない限り、実質証拠としては採用できない。そして、Vは供述不能ではないから、その要件は充足されない。

　ところが、近年の議論では、証人が自身の以前の検面供述を語る証言にも321条1項2号後段を準用または類推して、検面調書ではなく、公判供述を伝聞例外として採用できるという見解がある[22]。これは裁判員裁判で、でき

21）　328条の意味については、第13章で改めて考える。

22）　小幡雅二「裁判員裁判に残された課題——2号書面問題を中心に」筑波ロー・ジャーナル5号（2009年）75、91-93頁、長井秀典・福島直之「2号書面の採否が問題となる事案の審理」判タ1412号（2015年）105、114頁。ただし、後者は証人が、事件当時の記憶はないものの自身の検面供述は正しいと思うと述べた事例を想定している。

るだけ供述調書を使わずに立証するための着想である。

　しかし、刑訴法の規定は、検面調書と検察官の面前での供述を内容とする伝聞供述とを明確に区別している。検察官に対する供述が伝聞例外として特別な扱いを受けるのは、原供述者の署名・押印のある供述調書になっている場合だけである。もし、被告人以外の者の検察官面前供述を内容とする伝聞供述が検面調書と同様の要件で伝聞例外にできると考えるなら、2号前段すなわち原供述者の供述不能の場合にも、広く取調べ検察官の伝聞証言を認めなければならなくなる。論者は、原供述に対する事後的な反対尋問が法廷で可能な場合にだけ、被告人以外の者の検察官面前供述を内容とする伝聞供述を検面調書と同様の要件で伝聞例外とすることを考えているのであろう。しかし、そうすると検面調書に原供述者の署名・押印がない場合でも、検面供述が321条2号後段の要件で採用できるとしないと一貫しない。そのような解釈に条文上の根拠はない。法が検面調書を伝聞例外として緩やかな要件で認めるのは、検察官は反対尋問に代わる質問もして、信用性を確かめたうえで供述調書に録取するだろうという期待があるからである。検察官面前供述を内容とする伝聞供述には、そのような期待はできない。したがって、この例題の場面で、裁判所がVの検面供述を実質証拠として採用したいなら、検面調書を証拠採用しなければならない。

[4] 被告人の伝聞供述

　刑訴法324条は、被告人以外の者の伝聞供述についてだけ例外要件を示す。そうすると、被告人が法廷でする伝聞供述の扱いが疑問となる。それにはおよそ伝聞例外を認めないというのでは、均衡がとれない。そこで、被告人の伝聞供述にも、324条を準用するのが妥当である[23]。その結果、原供述者が被告人自身であれば322条の要件で、原供述者が被告人以外の者であれば、321条1項3号の要件で伝聞例外となる。被告人が法廷で誰かの発言を引いてそれが真実であるという場合には、被告人はこの伝聞供述の採用に326条1項の同意をしているとみてよい。

【例題11】Xは、Vを絞殺したという訴因について起訴されて、犯人性を争っている。捜査段階で、司法警察員と検察官が作成した自白を内容とする供

23）　松尾浩也監修・前掲注11）962頁。

述調書はあるものの、Xの署名・押印はない。Xは法廷で弁護人からの質問に答えて次のように語った。「私は、刑事さんや検事さんには、自分がロープでVの頸を絞めて殺したと話しました。でもそれは、私が世話になったTさんを庇うための嘘でした。Tさんが真犯人です。」この場合、裁判所は、Xの自白を証拠とすることができるか？

【答え】これは、前章で検討したいくつかの例題と共通する場面である。Xが捜査官に対する自らの供述、すなわち自白を語る部分は、伝聞供述である。しかし、そこにも刑訴法324条1項が準用できる。しかも、自白の任意性に疑いはない。したがって、322条1項前段の「不利益事実の承認」に当たり、伝聞例外として採用できる。

3 | 再伝聞証拠の扱い

[1] 再伝聞証拠の意味

　伝聞証拠の中に、さらに他人の供述が含まれていて、当該供述を供述証拠として使うのは、再伝聞証拠となる。再伝聞証拠の中にさらに伝聞証拠があれば、再々伝聞となる。厳密に言えば、供述録取書は再伝聞証拠である。しかし、刑訴法321条1項と322条1項は、原供述者の署名・押印のある供述録取書を単純な伝聞証拠と見做している。

[2] 再伝聞証拠の例外要件

　連邦証拠規則805条は、各伝聞過程に例外要件があれば、再伝聞証拠も採用できることを定めている。日本法には、そのような明文規定はない。それでも、各伝聞過程にそれぞれ伝聞例外の要件があるなら、伝聞例外となるというのが、一般的な理解である。これを条文から説明するためには、刑訴法324条が根拠となる。つまり、伝聞例外となる公判外供述は、公判供述と同格に昇格すると考える。そうするとその内容が法廷で供述されたと同じだと考えて、その中にさらに伝聞証拠があれば、法廷での伝聞供述と同じになるから、そこに324条が要求する要件があれば、伝聞例外となる。

【例題12】XとYは、共謀のうえ、Vを殺害したという訴因について起訴された。検察官の主張では、Yの指示に従って、Xが実行した犯行だという。Xは捜査段階から一貫して犯行への関与を否認している。一方Yは、

捜査段階では自白したものの、公判では事件について完全に黙秘している。検察官はYの署名押印のある検面調書で、Xに指示してVを殺害させたという趣旨のものの証拠調べを請求した。XとYの弁護人はいずれもこれに対して「不同意」の意見を述べた。裁判所は、Xに対する証拠としては刑訴法321条1項2号前段に拠り、Yに対する証拠としては322条1項前段に拠り、これを証拠採用した。この調書の中で、Yは、「実行の後、Xから『指示されたとおりVを殺害した』と報告を受けた」と述べている部分がある。裁判所は、この部分をXに対する証拠として採用してよいか？

【答え】これは、再伝聞証拠の例である。Yの検面調書が伝聞例外として採用されたことによって、その内容をYが法廷で語ったのと同格になる。その供述の中にXの供述を含む伝聞供述があるのと同じである。そのXの原供述はYに対する被告人の自白である。そうすると、324条1項を準用して、322条1項前段により、伝聞例外として採用できる[24]。なお、元々伝聞供述に原供述者の署名・押印はあり得ないから、Y検面調書にXが署名・押印していることは不要である。X供述のYによる再現の正確性は、検面調書の伝聞例外要件によって担保されると考えることになる。

【例題13】被告人Xは、自宅でみだりに、覚醒剤10グラムを営利目的で所持したという訴因について起訴された。しかし、Xは、それは自分がYから預かった物で、営利の目的はなかったと主張している。検察官は、Xの女友達Wの日記帳の証拠調べを請求した。立証趣旨は、「Xが覚醒剤を売買した価格」だという。Wの日記帳の○年×月△日の欄には、「Xの箪笥の引き出しの中に、白い粉が入ったビニール袋があるのを見つけた。Xは私からその袋を取り上げて、『これは俺が売っている覚醒剤だ。Yから20グラムを100万円で仕入れて、0.1グラム1万5,000円で売っているんだ。誰にも言うな。』といった。私は、恐くなった。」という記載がある。Wは、既に死亡している。弁護人は、これに対して「不同意」の意見を述べた。この日記帳が、伝聞例外となるための条件は何か？

【答え】これは、第1章例題9・第4章例題9と同じく、平成20年の司法試験出題を単純にした設例である。立証趣旨から、要証事実はXが覚醒剤を売買した際の買値と売値である。それを推認するためには、まずWの日記

---

24) 最判昭32・1・22刑集11巻1号103頁（共同被告人の検面調書中の被告人自白事件）。

の記述が正確であることが必要である。これを伝聞例外とするためには、刑訴法321条1項3号の3要件、すなわち①Wの供述不能、②犯罪事実存在の立証のための不可欠性、③絶対的特信情況が必要である。その上で、Xの発言は、322条1項前段の不利益事実の承認に当たる。設例では、任意性に疑いはないであろう。

［3］応用問題

　伝聞過程がいくつも重なると、複雑な証拠能力判断が必要となる。そのような場合は、まず法廷に顕れる資料を出発点として、そこから直接には何が推認できるか、さらにそこから何が推認できるかを順次考えて、要証事実を段階的にたどって行く。その推認の各段階で、供述証拠としての利用があれば、そこに伝聞例外要件があるかどうかを考えるのが分かりやすい。

【例題14】 Xは、2023年10月25日に、自分の妻Vを殺害したうえで、Yと一緒にその死体を山中に埋めて遺棄したという訴因について起訴された。Xは捜査段階から一貫して否認している。Yは、事件後自殺している。検察官は、「殺人および死体遺棄の犯罪事実の存在」という立証趣旨で、司法警察員K作成の捜査報告書の証拠調べを請求した。報告書の趣旨は、Yが使っていたパソコンのメール発信の記録から、愛人A宛てに送信したメールの1つを印字したところ、次のような内容であったというのである。「発信者：Y。宛先：A。発信日時：2023年10月27日22:57。件名：一生の秘密。26日の夜、私のところに突然Xが来て、①『昨日、Vと喧嘩しているうちにかっとなって、殺してしまった。死体は、車のトランクに入れてある。』という。そして、②『死体を隠すために、十文字峠に埋めに行くから、手伝ってくれ。』という。恐ろしかったけれど、Xに頼まれたら断れないので、Xの車に乗って十文字峠に行き、真っ暗な中で、2人でVの死体を土に埋めた。これは一生の秘密だ。」弁護人は、この請求に対して「不同意」の意見を述べた。どのような要件があれば、裁判所はこの捜査報告書を証拠採用できるか？　なお、Aは、既にこのようなメールをYから受け取ったことを法廷で証言している。

【答え】 これは、平成23年の司法試験出題を単純化した設例である。まず、捜査報告書は、Kの供述書である。それをYが使っていたパソコンの中に別紙のようなメールの送信記録があることを推認するために使うので、伝聞

証拠となる。これを実況見分調書の一種とみれば、刑訴法321条3項に拠り、Kが真正作成証言をすることを条件に伝聞例外となる。その結果、Yが愛人Aに対して、メールによってこのような供述をしたことが推認できる。このYの供述も供述証拠だから、再伝聞となる。そこで、321条1項3号の要件があれば、Yの供述書として伝聞例外となる。Yは死亡により供述不能であり、他に有力な証拠がなければ、不可欠性もある。さらに、このメールが特に信用すべき情況で書かれたと判断できれば、Yの供述を証拠にできるから、Y自身の体験と行為はそこから推認できる。Yの体験中のXの発言のうち、②の死体遺棄の手伝いを頼む部分は、供述ではないので、それ以上の伝聞にはならない。しかし、①のXがV殺害を語った部分は、Xの供述を供述証拠として使わないと犯罪行為の証明にはならないので再々伝聞となる。このXの供述は、被告人の不利益事実の承認であり、任意性に疑いはないので、322条1項前段に拠り伝聞例外として採用できる。

【例題15】K警部は、Xがけん銃の密売をしているという情報を得て捜査していた。その過程で、YがXからけん銃の譲渡を受けたことがあるのが判明した。そこで、K警部は、Yと接触して、もう一度Xにけん銃の譲渡を持ちかけるように依頼したところ、Yはこれを承諾した。Yは喫茶店「ルグラン」でXと会い、交渉の結果、けん銃1丁を150万円で買うことになった。Yはこの交渉の過程を密かにICレコーダーに録音していた。また、Xと離れた直後に、Xとの会話内容の説明を自分の声で吹き込んだ。Xは、Yにけん銃を送った。その後にYは暴力団の抗争に巻き込まれて死亡した。検察官は、XをYに営利目的でけん銃を譲渡したという銃刀法違反の訴因について起訴した。検察官は、「けん銃譲渡に関するXY間の会話の存在と内容」という立証趣旨で、K警部作成の捜査報告書の証拠調べを求めた。報告書の趣旨は、K警部がYのICレコーダーの録音記録を再生して聴き取ったところ、次のような内容が聴き取れたというのである。

「Y：Xさん、この前と同じように120万円で＊＊＊（聴き取れず）1つ譲ってもらえませんか。
X：最近は警察の捜査が厳しくて、ブツの調達が難しいんだ。150万なら何とかする。
Y：50万を前金、100万は受け取った後でいいですか。

X：いいだろう。しかし、くれぐれも他人には話すなよ。

（5分間の沈黙）

Y：先ほどは、「ルグラン」でのXとの会話を録音した。録音のとおり、Xにけん銃1丁の譲渡を頼んで、150万円で話がまとまった。」

弁護人は、これに対して「不同意」の意見を述べた。おとり捜査や、秘密録音の問題は証拠能力に影響しないと仮定して、どんな条件があれば、裁判所は、この捜査報告書を証拠採用できるか？

【答え】 これは、平成22年の司法試験出題の一部を単純にした設例である。まず、K警部作成の捜査報告書を実況見分調書の一種とみれば、刑訴法321条3項に従って、Kの真正作成証言を条件に、伝聞例外として採用できる。それによって、Yの使っていたICレコーダーに上記のような音声が録音されていることが推認できる。その上で、XとYの交渉の部分は、それぞれが事実を語る供述ではなく両者の意思表示であるから、その会話の存在だけで禁制品の譲渡の交渉と合意があったことが認定できる。したがって、再伝聞にはならない。それに対して、Yが録音内容を説明している部分は、Yの供述証拠とせざるを得ないから再伝聞となる。その伝聞例外要件は刑訴法321条1項3号である。Yは死亡しているので、供述不能である。会話部分では「けん銃」に当たる部分が聴き取れないので、犯罪立証のための不可欠性もあるであろう。さらに、このYの供述に絶対的特信情況があると判断できれば、伝聞例外として採用できる。

---

4 | 第10章のまとめ

本章では、刑訴法323条の業務上書面の伝聞例外要件と、伝聞供述の伝聞例外要件を確認した。その中で、判決書の証拠能力、領収書の非伝聞的利用の可否、自己の供述を内容とする供述の伝聞性などの難しい問題も考えた。さらに、伝聞供述の伝聞例外の応用として、再伝聞証拠の扱いを考えた。

第11章

当事者の意思による伝聞例外

1 | 同意による伝聞例外

　刑訴法 326 条は、次のように定める。

　「検察官及び被告人が証拠とすることに同意した書面又は供述は、その書面が作成され又は供述のされたときの情況を考慮し相当と認めるときに限り、第 321 条乃至前条の規定にかかわらず、これを証拠とすることができる。

　被告人が出頭しないでも証拠調を行うことができる場合において、被告人が出頭しないときは、前項の同意があつたものとみなす。但し、代理人又は弁護人が出頭したときは、この限りでない。」

　この定めは、321 条～324 条の伝聞例外に当たらない公判外供述でも、当事者双方が証拠とすることに同意したものは、伝聞例外として採用できることを意味する。つまり当事者の意思を根拠として認められる伝聞例外である。証拠調べを請求する側は、当然同意しているはずだから、実際には相手方の同意があればよい。同意の対象となる伝聞証拠は、供述代用書面と伝聞供述の両方を含む。供述代用書面に準じる供述の録音、録画記録も同意の対象となる。本条の同意を根拠に採用される書面を同意書面と呼ぶ。

　法がこのような伝聞例外を認めるのは、公判外供述の証拠採用に同意する当事者は、少なくとも当面反対尋問をする意思がないので、その機会を保障する必要はないこと、そして仮に法廷で供述をさせても、相手方が反対尋問をしないのであれば、事実認定の結果は書面などを証拠とする場合と違わないだろうと推測できるからである。

　実務では、訴因について争いのない、いわゆる自白事件において、検察官が証拠請求する供述代用書面に弁護人がすべて同意する例は多い。否認事件

でも争いのない事実に関しては同意書面が使われることが珍しくない。同意書面は、証拠調べを効率化するために活用されている。ただし、裁判員事件を中心に、実感をもって事実を認定してもらうために、重要な供述は同意書面を使わず、法廷で供述させるべきだという考え方もある。

2 │ 同意の要件

［1］ 弁護人による同意の可否

　条文は、弁護人を同意権者として挙げていない。しかし、刑訴規則190条2項は、請求による証拠の採否を決める前に「相手方又はその弁護人の意見を聴かなければならない」と定める。実際の法廷では、裁判所は弁護人の意見を訊くだけで、被告人の意見はとくに確かめないのが普通の運用である。弁護人の同意は、包括代理権に基づく訴訟行為として有効であると理解されている。この弁護人の包括代理権は、独立行為権や独立代理権とは区別される。刑訴法41条の反対解釈から、包括代理権に基づく訴訟行為は、被告人本人の意思に反してはならない[1]。そのため、最終的には、被告人本人の意見が優先する。

【例題1】 Xは、Vを殴って怪我をさせたという傷害の訴因について起訴された。罪状認否において、Xは、訴因の事実は間違いないと認めた。弁護人も訴因の事実は争わないと意見を述べた。検察官が「被害状況」という立証趣旨でVの検面調書の証拠調べを請求したのに対して、弁護人は「同意する」という意見を述べた。裁判所は、X自身の意見を確かめることなく、この検面調書を採用して取り調べた。Xは、それについて何も発言しなかった。裁判所の証拠採用は適法か？

【答え】 立証趣旨からみて、V検面調書は明らかに伝聞証拠である。しかし弁護人はその採用に同意した。X自身が法廷で訴因事実を認めていて、証拠調べについて何も発言しない状況では、この弁護人の包括代理権に基づく同意は、Xの意思に合致すると推定してよい。したがって、被告人の同意があったものとして、326条1項に拠る証拠採用は適法である。最決昭26・

---

1) アメリカ法では、この種の訴訟技術的な判断は弁護士の専門家裁量の領域として、弁護人の判断に委ねている。

2・22 刑集 5 巻 3 号 421 頁（弁護人の同意有効事件）も、これを認めている。

【例題2】 例題 1 の設例を変えて、弁護人が「同意」の意見を述べたのに対して、X が「V は大げさに語っているから、その調書は調べないでほしい」と発言したとする。裁判所は、V 検面調書を採用してよいか？

【答え】 伝聞証拠に対する弁護人の同意は包括代理権に基づくので、被告人本人の意思に反することはできない。その結果、被告人の意見が優先して、326 条 1 項の同意はないことになるから、他の伝聞例外に当たらない限り、V の供述調書は証拠採用できない。

　弁護人が伝聞証拠の採用に同意したのに対して、被告人が明示的に反対意思を表さなくても、弁護人の同意が被告人の合理的な意思に反することがうかがえる場面では、弁護人の同意は無効である。

【例題3】 X は Y と共謀のうえ、V 宅でカメラを盗んだという窃盗の共同正犯の訴因について起訴された。罪状認否において被告人は、「私は盗んでいない。Y から中古品のカメラを買い取っただけだ。」と述べた。しかし、弁護人は、「公訴事実は争わない」という意見を述べた。検察官は、「犯行状況」という立証趣旨で Y の検面調書の証拠調べを請求した。その調書の内容は、X と一緒に V 宅に忍び込んでカメラや現金などを盗み出したという趣旨である。弁護人は、これに対して「採用に同意する」と意見を述べた。裁判所は、直ちにこの調書を証拠採用して取り調べた。X は Y 検面調書の取調べについて、何も発言しなかった。この証拠採用は適法か？

【答え】 この証拠採用は違法である。訴因の認否について被告人本人と弁護人の意見とが相反しているから、弁護人の同意が X の意見に合致すると推定することはできない。被告人自身が明示的に同意するか、あるいは他の伝聞例外に当たらない限り、この調書は証拠採用できない。最決昭 27・12・19 刑集 6 巻 11 号 1329 頁（弁護人の同意無効事件）も、同じ結論を採っている[2]。

　例題 3 のように、被告人本人と弁護人との認否が食い違っている場合でなくても、被告人の主張と伝聞証拠の内容とを照らし合わせたとき、この伝聞証拠の採用に同意することが被告人の合理的な意思に反する場合には、弁

2）　この設例のような弁護人の行動は、特別な理由がない限り、弁護士職務基本規程 22 条 1 項と 46 条に違反するので、懲戒の理由となりうる。

護人の同意は無効である。

【例題 4】 X は、覚醒剤自己使用の訴因について起訴された。罪状認否において X は、「自分は Y に騙されて覚醒剤を飲まされたのであって、故意に使用したのではない」と意見を述べた。弁護人も同じ意見を述べた。検察官は①被告人の尿から覚醒剤成分が検出されたという G 作成の鑑定書と②被告人に頼まれて、覚醒剤を注射してやったという Y の検面調書などの取調べを請求した。弁護人は、①と②の双方について、「証拠採用に同意する」という意見を述べた。裁判所は、刑訴法 326 条 1 項に拠ってこれらを採用してよいか？

【答え】 ①鑑定書は、その内容と X の主張とが矛盾しないので、弁護人の同意が被告人の意思に反すると考える理由はない。したがって、同意書面として採用してよい。これに対して、②供述調書の内容は、X 本人の主張と明らかに矛盾する。X が合理的に判断すればその証拠採用に同意することは不自然であるから、被告人が明示的に同意しない限り、同意はないものとして扱うべきである。大阪高判平 8・11・27 判時 1603 号 151 頁（否認を無意味にさせるような伝聞証拠への同意事件）も、弁護人と被告人の認否が一致していた事例で、「被告人の否認の陳述の趣旨を無意味に帰せしめるような内容の証拠」については、弁護人の同意だけでは採用できないとした。

　これらの弁護人の同意だけでは採用できないとされた事例では、裁判所が証拠採用の前に被告人本人の意見を確かめるべきだったことになる。しかし、裁判官が被告人に、伝聞証拠の採用に同意するかどうかを直接尋ねても、被告人が問題の意味を理解して的確に対応できるかどうかは分からない。刑事法の専門家でない被告人にとって、伝聞証拠への同意の意味を理解することは、ふつうは難しいであろう。また、裁判官の訊き方によっては、裁判官の弁護人に対する不信感を暗示する結果になるおそれもある。

【例題 5】 例題 4 の設例で、裁判所は②Y 検面調書の採否をどのようにして決めるべきか？

【答え】 被告人自身に、「証拠採用に同意するか」と訊くことは、ふつうは適切ではない。まず、弁護人に、「同意」意見を述べる理由を訊く方が良いであろう。そこで弁護人が訴訟対応として合理的考慮の結果であること[3]を説明したなら、被告人本人に、「弁護人の意見の通りでよいか」と尋ね、被告人が「それでよい」というなら同意書面として採用してよいであろう。被告

人が「分からない」とか「不満である」と述べたときは、同意書面としては採用するべきではない。裁判官の問いに対して弁護人が合理的な理由を説明できない時には、採否を留保して、被告人ともっと相談するように促すべきであろう。

証拠調べ請求の段階では、裁判所は書証の中味を具体的には知らない。そこで、弁護人の同意に拠って同意書面として採用して取り調べてみたら、その内容が被告人の主張と矛盾するものであることが判明する場合もあり得る。そのような場合には、それが明らかになった時点で、改めて弁護人と被告人の意見を確認して、不同意であれば、刑訴規則 207 条に拠り、証拠排除決定をすることになる[4]。

[2] みなし同意

伝聞証拠に対する同意は、明示的に表示される必要があるのが原則である。ただし、刑訴法 326 条 2 項は、明示的な同意がないのに、同意があったものとみなす場合を定めている。その典型は、刑訴法 284 条、285 条に拠る軽微事件での被告人出頭不要の場合である。ただし、弁護人または代理人が出頭しているときは、その意見を聴かなければならないから、みなし同意の扱いはできない。

このみなし同意を認める立法趣旨として、被告人の意思が確かめられないと訴訟の進行が阻害されるからという説明が多い。最決昭 53・6・28 刑集 32 巻 4 号 724 頁（安田講堂事件）も、そのような理解を採用している。しかし、伝聞証拠禁止原則に忠実であるなら、被告人の意思が分からないときには不同意とみなして証拠の採否を決すれば足りる。みなし同意を認める趣旨

---

3) 被告人側が訴因事実を否認しながら、検察官請求の供述代用書面の採用に同意する場合がある理由について、長岡哲治「被告人の応訴態度と法 326 条の同意」大阪刑事実務研究会『刑事証拠法の諸問題（上）』（判例タイムズ社、2001 年）83 頁参照。

4) 弁護人の同意に拠って証拠採用した後に、当時は明確でなかった被告人の主張が明らかになることによって、前に採用した伝聞証拠の内容が被告人の主張と矛盾することが判明する場合もある。大阪高判平 29・3・14 判時 2361 号 118 頁は、そのような場面でも証拠排除決定をするべきであるとした。ただし、証拠採用の後に被告人が主張を大きく変えたために主張と証拠が矛盾するに至った場合には、証拠採用時には弁護人の同意は被告人の意思に合致していたので、証拠能力は変動しないと考えてよいであろう。

は、出頭しない被告人は、事実を争う意思がないので、伝聞証拠にも同意するだろうと推定できるからと考えるべきである。

　この昭和53年判例は、被告人が裁判長から秩序維持のために退廷を命じられ、弁護人も退廷したために、刑訴法341条に拠り公判審理を行う場合にも、326条2項のみなし同意が適用できるとした。その結果、みなし同意は、被告人らの秩序違反に対する制裁的な機能を持つようになった。ただし、この事案は、訴訟経過から見て、証人尋問を行っても被告人、弁護人が反対尋問をする見込みはなかったという特殊な事案であることに注意するべきである[5]。被告人側の不同意の意思がすでに分かっているときには、原則としてこの判例を適用するべきではないとする見解もある[6]。勾留中の被告人が出頭に抵抗したため、刑訴法286条の2に拠って被告人が法廷になくても公判審理ができる場合に、みなし同意の扱いが可能かどうかについて、判例はない。

　判例が、条文に拠らずにみなし同意の扱いを認める場面として、伝聞供述に対する異議の懈怠がある。

【例題6】 Xは、Vを殴って負傷させたという傷害の訴因について起訴され、犯人ではないと主張している。検察側証人W1は、自らXのVに対する暴行を見たと供述した上に、「その事件の翌日にW2にあったとき、それを話すと、W2は『XはVに彼女を取られたと恨んでいたからな』といっていました」と語った。この下線部分の証言に対して、弁護人もXも異議を述べなかった。証人W1の尋問は終わり、W1は退廷した。そのとき、弁護人が立って、「W1証人の証言中、W2から聞いたという話は、伝聞供述なので証拠から排除して下さい。」と述べた。裁判所は、どう対応するべきか？

【答え】 刑訴規則205条の2は、異議の申立について、個々の行為、処分、決定ごとに「直ちにしなければならない」とする。同205条の4は、時機に遅れてされた異議の申立を原則として却下すべきであるとしつつ、重要な問題であるときには理由の有無の判断を求めている。この設例の弁護人の異議は、時機に遅れているものの、重要な事項に関係するので、判断を示すこと

---

5)　三井誠ほか編『新基本法コンメンタール刑事訴訟法』（日本評論社、2011年〔初版〕）507頁〔河原俊也〕。

6)　松尾浩也監修『条解刑事訴訟法〔第5版〕』（弘文堂、2022年）981頁。

が相当であろう。しかし、このような申立を許すと、相手方が伝聞供述にならない形で証言を引き出す、あるいは伝聞例外要件があることを証人尋問の中で立証する機会が失われる。裁判所としても、そのためにもう一度証人尋問をすることは避けたい。そこで最決昭59・2・29刑集38巻3号479頁（高輪グリーンマンション事件）は、伝聞証言に対して、直ちに異議を申し立てることができないなど特別な事情がないのに、相手方から異議の申立がないままに証人尋問を終えた場合には、「黙示の同意」があったものとして、証拠能力を認めるという解決を採った。

　しかし、この伝聞供述についてのみなし同意の判例法理と、先に見た供述代用書面に対する弁護人の同意の効果に関する判例法理とが整合するかどうか疑問もある。供述代用書面に弁護人が同意する場面では、被告人が黙っていても、その書面の供述内容が被告人の主張と矛盾する場合には、伝聞禁止の保護がある。それに対して、伝聞供述については、弁護人が黙っているところで被告人自身が異議を申し立てないと保護を失うことになる。これは、被告人に対して過大な要求ではないか。これら2つの場面での扱いを調和させようとすれば、被告人の主張と明らかに矛盾する伝聞供述については、弁護人が異議を申し立てなくても裁判長は被告人に同意意思があるかどうか確かめるべきだと考えることになる。しかし、逆に、それが当事者主義的な交互尋問による証人調べの方式と適合するかという疑問もある[7]。

　いずれにせよ、弁護人も検察官も不利益な伝聞供述に対しては、即座に的確に刑訴法309条1項の異議を申し立てるべきである。そのためには、交互尋問に習熟する必要がある。

[3] 一部同意

　伝聞証拠への同意は、供述代用書面の一部に限ってすることもできる。その場合には、不同意部分を除いた抄本を証拠として提出するのが厳密な方法である。不同意部分が裁判所の目に触れないようにするためである。

---

7)　弁護人の活躍を前提とする交互尋問というしくみと、伝聞証拠への同意について被告人本人の意思を優先させるというしくみとが、そもそも調和しないのかもしれない。

3 | 同意の効果

伝聞証拠に対する同意という訴訟行為の性質については、論者によって、反対尋問権の放棄、証拠能力付与の処分行為、責問権の放棄[8]といった説明の違いがある。しかし、同意の効果には様々な側面があるので、行為の性質を1つに決めてそこから演繹的に問題の解決を考えるという方法は、あまり有効ではないであろう。

[1] 相当性要件

相手方の同意があれば、通常は証拠能力が生じるので、直ちに証拠採用するのがふつうの実務運用である。ただし、条文は、同意に拠って無条件に証拠能力を認めている訳ではない。「その書面が作成され又は供述のされたときの情況を考慮し相当と認めるときに限り」という条件がある。

したがって、相手方の同意があっても、この相当性に疑いがあれば、それを確かめなければならない。相当性が欠ける場合とは、供述の情況から見て虚偽のおそれが大きい場合、あるいは証拠採用が手続の公正さを害するような場合である。供述調書に原供述者の署名・押印がないこと自体は、同意書面としての採用を妨げない。

【例題7】 Xは、酒に酔ってVと喧嘩をして、負傷させたという傷害の訴因について起訴された。Xは公判で、事実を認めた。検察官は、Vの検面調書とVの妻Wの員面調書の証拠調べを請求した。W員面調書の内容は、VがXから暴行される場面を少し離れた場所から見ていたという趣旨である。弁護人は、いずれについても同意したので、裁判所はこれらを採用して取り調べた。その後、弁護人がVと示談交渉をする過程で、Wは実は現場にいなかったことが分かった。Wは、自分はそこにいなかったのに、夫Vから警察官に対して目撃供述をするように強要されたために嘘の供述をしてしまったという趣旨の陳述書を弁護人に渡した。弁護人はこの陳述書を証拠請求して、裁判所はこれを採用した。裁判所は、W員面調書について、どう扱うべきか?

【答え】 Wの供述調書ができた経過に照らして、これを証拠採用したことが

---

8) 大澤裕「刑訴法326条の同意について」法曹時報56巻11号（2004年）2557頁。

「相当」ではなかったことが判明した。裁判所は、刑訴規則207条に拠り、W員面調書を証拠から排除する決定をするべきである。

[2] 立証趣旨と同意の効果

伝聞証拠の採用に対する同意は、証拠請求者が示す立証趣旨を前提としている。したがって、証拠能力は、その立証趣旨のための要証事実に限って付与される。これは証拠能力の有無の問題であって、いわゆる立証趣旨の拘束力とは別である。当事者双方にとって不意打ちにならなければ、証拠請求者の示した立証趣旨は、事実認定者の心証形成を拘束しない。しかし、同意に拠る証拠能力の発生は、同意の前提となった立証趣旨に限られるというのが、一般的な理解である[9]。

【例題8】Xは、2023年10月30日午前1時ころ国分寺市内のV宅で同人に登山ナイフを突きつけて脅迫し抵抗できなくさせて現金を強取した、という強盗の訴因（公訴事実第1）および同年11月13日に国分寺市内のWが経営する食堂で無銭飲食をしたという詐欺の訴因（公訴事実第2）について、起訴された。罪状認否においてXは、詐欺については事実を認めた。しかし、強盗については否認し、無銭飲食をした日まで10年間は国分寺市に行ったこともなかったと述べた。弁護人は「被告人と同じ意見です」と述べた。検察官は、公訴事実第2の「被害状況」という立証趣旨で、Wの司法警察員に対する供述調書の証拠調べを請求した。弁護人は、「同意する」と意見を述べたので、裁判所はこれを採用した。調べてみるとWの供述のなかに「この無銭飲食をした男は、あまり見かけない顔だけれど、11月13日の2週間くらい前にも私の店に来たことがあった」という部分があった。裁判所は、事実認定にあたって、これを公訴事実第1の証拠として考慮してよいか？　また、弁護人の対応に問題はなかったか？

【答え】W員面調書に対する弁護人の同意は、争いのない公訴事実第2の証

---

9) 福岡高判昭29・9・16高刑集7巻9号1415頁は、複数の公訴事実があるとき、検察官が同意書面の立証趣旨として示した公訴事実とは異なる公訴事実の証拠とした事例で、その公訴事実の証拠とすることにも被告人の黙示的な同意があったという理由で適法としている。これは被告人がいずれの公訴事実も争っていなかったことを考慮した救済判例であって、実務の範とすべきやり方ではない。

拠とすることを前提にしていた。この同意書面を争いのある公訴事実第1の証拠として考慮することはできない。もし、そのような利用方法についても弁護人が同意したと解釈するなら、それは被告人の合理的意思に反する同意となり無効である。溯って、弁護人は証拠開示により調書の内容を知っていたはずであるから、一部同意として、「2週間くらい前」の話は、裁判所の目に触れないようにするべきだった。

[3] 証人尋問請求権

　供述代用書面の採用に同意した当事者は、反対尋問権を放棄したのだから、その供述者の証人尋問を請求することはできなくなるという主張がある。これは、供述代用書面の採用に同意しつつ、信用性を争うという不徹底な方法に対する警鐘でもある。しかし、当面反対尋問をせずに書面を証拠採用してもよいという意思表示から、およそその供述者の証人尋問請求権を失うという効果を認めるのは妥当ではない。一般に裁判所もそのような効果の発生を認めてはいない[10]。

[4] 任意性を欠く自白への同意

　伝聞証拠禁止原則以外の理由によって証拠能力のない証拠に対して、被告人が同意すれば証拠能力が生じるかという問題がある。刑訴法326条は、直接には伝聞証拠に対する同意を認める条文である。しかし、被告人に証拠能力に関する処分権があるとすれば、他の場面でもその考え方が準用できるのではないか、という問題が生じる。

　その一例として、任意性を欠く公判外自白でも、被告人が同意したら採用できるかという問題がある。詳しくは刑訴法319条1項の自白法則の問題となる。大まかにいえば、当該自白の証拠能力を否定することによって守るべき利益が、被告人本人が放棄できる性質のものかどうかによって、同意の有効性を判断するべきである。

【例題9】 Xは経理係として勤務していた会社の金を着服したという業務上横領の訴因について起訴された。罪状認否において、Xは「会社の金を使ってしまったのは起訴状のとおりなので、有罪になることは当然と思ってい

---

10) 松尾浩也監修・前掲注6) 967頁。

る」と述べた。甲号証の取調べの後、検察官は乙号証として、司法警察員K警部補および検察官に対するXの供述調書を「犯行状況」という立証趣旨で証拠請求した。それに対して弁護人は、「同意する」と意見を述べたので、裁判所はこれも採用して取り調べた。次の公判期日に、Xは、弁護人の質問に答えて次のような供述をした。「会社の金を着服したのは事実であり、反省している。しかし、この事件の捜査の過程で、警察官の取調べの際、私が黙秘していると、K警部補が私の顔面を10回くらい殴ったり、脚を蹴ったりした。それで私は耐えきれなくなって自白した。警察のやり方には抗議したい。」裁判所は、警察官の取調べに関するXの供述には、かなりの信憑性があると考えた。裁判所は、どうするべきか？

【答え】刑訴法326条の同意はあるものの、Xが語った取調べの状況が本当だとすれば、これらの供述調書を証拠採用することは、手続の公正さを害するので、相当ではない。Xは公判でも自白しているから、それによって罪となるべき事実は認定できる。被疑者取調べの方法に疑問のある自白調書を敢えて採用する必要もない。裁判所は、刑訴規則207条に拠り、Xの員面調書および検面調書を証拠から排除する決定をするべきである。大阪高判昭59・6・8高刑集37巻2号336頁（暴行による自白同意事件）も、これと似た事案で、原審が自白調書の任意性を改めて調査することなく同意書面として採用したままにしたことを違法とした。

　ただし、自白が排除される理由が虚偽自白の類型的なおそれだけである場合には、被告人の同意に拠って採用できる可能性がある。いわゆる虚偽自白の排除も伝聞証拠禁止原則と同様に法的関連性の制限であるから、同じように当事者の処分権を認めることができるからである。

[5] 違法収集証拠への同意

　違法収集証拠として排除すべき証拠なのに、被告人がその採用に同意した場合に証拠能力が復活するかどうかも問題となる。最高裁判所の判例は、かつて違法収集証拠であっても被告人が採用に同意すれば証拠能力があると述べたことがある[11]。しかし、それは判例が排除法則の存在を確認する以前の判例であり、また、具体的には押収過程に違法はないとした事例なので、同

---

11)　最大判昭36・6・7刑集15巻6号915頁（被疑者帰宅前の無令状捜索事件）。

意の効果に関する先例として依拠することはできない。

　ここでも、その証拠を排除することによって守るべき利益が、被告人が放棄できる性質のものかどうかによって、同意の効果を判断するべきである。

【例題 10】 X は覚醒剤所持の訴因について起訴された。検察官は、司法警察員 K が X 宅で令状に拠り差し押さえたという覚醒剤とそれが覚醒剤であるという鑑定書の証拠調べを請求した。弁護人は、それらに対して、「物については、異議はない。鑑定書の採用には同意する」と意見を述べた。裁判所は、これらを証拠採用して取り調べた。しかし、公判の途中で、この覚醒剤を差し押さえるための捜索差押許可状は、K が Y 名義の偽の供述調書を疎明資料として裁判官に請求した結果発付されたものであることが分かった。裁判所は、これらの証拠をどうするべきか？

【答え】 この覚醒剤押収の過程には、令状主義の精神を没却する重大な違法がある。警察官が裁判官を騙して令状を取ることを裁判所が見過ごすことはできないから、覚醒剤とその鑑定書の証拠能力を認めることは相当ではない[12]。この証拠排除は、令状主義という憲法上のしくみを守るための排除であるから、被告人が放棄できる性質の制限ではない。したがって、弁護人が「異議なし」あるいは「同意する」と述べても、これらの証拠の証拠能力は否定するべきである。裁判所は、刑訴規則 207 条に拠り、これらを証拠から排除するべきである。福岡高判平 7・8・30 判時 1551 号 44 頁（偽調書事件）は、これと似た事案について、同意に拠る証拠能力の復活を否定した[13]。

---

4 ｜ 合意書面

[1] 条文を読む

　刑訴法 327 条は、次のように定める。

　「裁判所は、検察官及び被告人又は弁護人が合意の上、文書の内容又は公

---

12)　最判昭 53・9・7 刑集 32 巻 6 号 1672 頁（大阪覚醒剤事件）参照。

13)　この判決は、物の押収過程に「当事者が放棄することすることを許されない憲法上の権利の侵害」があると説明している。しかし、同意捜索や任意提出による領置に現れるとおり、憲法 35 条の保障自体は、個人が個別に放棄することも可能である。被告人が放棄できないのは、正確には、令状主義という制度を保持する社会の利益である。

判期日に出頭すれば供述することが予想されるその供述の内容を書面に記載して提出したときは、その文書又は供述すべき者を取り調べないでも、その書面を証拠とすることができる。この場合においても、その書面の証明力を争うことを妨げない。」

　これは、当事者双方が予想される供述内容を合意してまとめた書面は、伝聞例外として採用できることを意味する。このような書面を合意書面と呼ぶ。合意書面は、当事者の意思に基づく伝聞例外である点で、同意書面と性質が共通する。しかし、同意書面が一方当事者の提出する供述代用書面の証拠採用に相手方が同意するものであるのに対して、合意書面は、双方当事者の合意に基づいて新たに作られる書面である点で異なる。条文にあるとおり、合意書面は、既存の文書の内容を要約して作ることもできる。

　同意書面が活用されてきたのに対して、合意書面は使われることが少なかった。裁判員制度の導入に伴って、争いのない事実を簡潔に立証する手段として、合意書面は新たに注目されるようになった。争いのない事実の適切な立証を求める刑訴規則 198 条の 2 も、合意書面に言及している。実際には、合意書面の例はまだ少ない。その一方で、争いのない事実を簡潔に立証するための手段として、検察官が作る統合捜査報告書という方式が現れた。これは鑑定書、実況見分調書、捜査報告書などの中から、争いのない事実の要点を抜き出してまとめた書面である。これは形式的には同意書面であるものの、機能としては合意書面に近い。

　統合捜査報告書のように、複数の供述あるいは供述代用書面の要点を 1 つの合意書面にまとめることも可能である。

[2] 効果

　合意の対象は、要証事実の存在そのものではなく、予想される供述内容である。したがって、合意書面は民事訴訟における自白のように裁判所の事実認定を拘束する効果を持たない。条文が、合意した当事者に、なお合意書面の証明力を争う権利を残しているのも、それを表している。ただし、証明力を争うために、原供述者の証人尋問を求めるのは矛盾であるから、許されないというのが一般的な理解である。

　とはいえ、供述内容に合意した当事者は、その要証事実を争わないのがふつうである。そのため、合意書面の内容たる事実については、特に疑問が生

じない限り、証明されたものとして扱うことができる。

【例題 11】 X は、V に対する不同意わいせつの訴因について起訴された。罪状認否および被告人質問で X は、訴因の事実を認めた。他方、被害者 V は、検察官に対して被害事実を語ったものの、X から恨まれると怖いという理由で、供述調書への署名・押印を断った。また、法廷での証言もできればしたくないといった。そこで検察官と弁護人は V の被害供述の要旨を合意書面として裁判所に提出した。被告人の公判供述とこの合意書面だけに基づいて有罪を認定してよいか？

【答え】 合意書面が、刑訴法 319 条 2 項・3 項の補強証拠となるかどうかが問題である。もしそれを認めると、被告人が犯罪事実を認めて争わないという理由だけで有罪を認定することになるので、319 条 3 項の趣旨に反する結果となる。そのため、合意書面は自白の補強証拠にはならないと考えるべきである。

第12章

共同被告人と伝聞法則

1 │ 併合審理と証拠関係の個別性

　XとYに対する被告事件の弁論が併合され、事件が一緒に審理される場合に、XとYの関係を共同被告人という。併合審理の根拠は、刑訴法313条1項に拠る弁論の併合である。Xの立場からみたY（あるいはその逆）を相被告人と呼ぶこともある。このような併合審理は、証拠調べを効率化できる、共犯者間で合一的な事実認定をしやすい、共犯者間で量刑の均衡を図りやすいなどの理由で行われる。共同被告人となるのは、多くの場合、広い意味での共犯者として起訴される者である。ただし、共犯者には限られない。共同被告人の数は3人以上であってもよい。検察官は、1通の起訴状で複数の被告人を同時に起訴することができる。そのような起訴があった場合には、複数の被告人が併合審理を受けることが多い。

　民事裁判の共同訴訟においては、ある当事者が提出した証拠は、他の当事者が援用しなくても、当然にすべての当事者に対する証拠となるとされている。これが共同訴訟における証拠共通の原則[1]である。それと異なり、刑事裁判の共同被告人の間では、証拠関係は相互に独立している[2]。検察官がXに対する証拠として請求して採用されたものは、Yに対する証拠にはなら

---

1) 笠井正俊＝越山和広編『新・コンメンタール民事訴訟法〔第2版〕』（日本評論社、2013年）173頁〔堀野出〕。

2) 民事裁判と刑事裁判でなぜこのような違いがあるのかは、興味深い問題である。おそらく、民事では法律関係の統一的確定を重視するのに対して刑事では各被告人の訴訟上の権利を強く意識するからであろう。たとえば、Xがある証拠の証拠能力を争わないからといって、そのためにYが不利益を受けてはならない。

ない。したがって、共同被告人がある場合には、検察官は両方の被告人に共通する証拠として請求するのか、XまたはYに対する証拠として請求するのかの別を明示しなければならない。一般的な書式である証拠等関係カードには、それを記入する欄がある。また、Xの弁護人が請求して採用された証拠は、Yに対する証拠にはならない。

【例題1】 XとYは、共謀のうえ、Vから現金を強取したという強盗の共同正犯として起訴された。公判では、XもYも犯行への関与を否認している。検察官の冒頭陳述では、実行行為者はXだという。Xの弁護人L1は、Xのアリバイを立証趣旨として、Wの証人尋問を請求した。Yの弁護人L2は、Wの証言をYのための証拠としても考慮してほしいと考えた。弁護人L2は、どうするべきか？

【答え】 Wの証言をYのための証拠とするためには、弁護人L2からも、Wの証人尋問を請求するべきである。それは、合一的な事実認定をするためにも望ましい。

　共同被告人の間で、伝聞証拠に対する同意、不同意が分かれる場合、同意した被告人に対する証拠としてだけ、同意書面としての採用が可能となる。同意しない被告人に対する証拠とするためには、他の伝聞例外に当たることが必要である。ただし、併合審理をした状態で、同意した被告人に対する証拠としてすぐに採用して取り調べるのは適切ではない。それは、同意していない被告人に対しても、その伝聞証拠から裁判体が心証を形成してしまう危険があるからである。

【例題2】 例題1の設例を少し変えて、Xは共謀も実行行為も否認し、YはXによる単独犯だと主張しているとする。検察官が、犯人はXだったという内容のVの検面調書の証拠調べを請求したのに対して、Xの弁護人L1は「不同意」、Yの弁護人L2は「同意」の意見を述べた。検察官は、Xに対する証人として、Vの尋問を請求した。裁判所は、V検面調書を直ちにYに対する証拠として採用して取り調べるべきか？　それが適切でないとすれば、どうするべきか？

【答え】 Yの同意はあるので、Yに対する証拠としては、同意書面として証拠能力を認めることはできる。しかし、すぐにこれを採用して取り調べると、裁判所はXに対する予断を持つことが避けられない。他方、Xに対する関係では、Vの証人尋問が必要なので、まずは証人尋問をするべきである。

その際、検察官は、X、Y両方に対する証人として申請するのが適切である。証人尋問の結果、V検面調書と同趣旨の証言があれば、検面調書は必要なくなるので、検察官は証拠請求を撤回するであろう。V検面調書と同趣旨の証言が得られない場合で、刑訴法321条1項2号前段または後段の要件が認められれば、V検面調書は、Xに対しては2号書面として、Yに対しては同意書面として採用することができる。そうすれば、XとYの罪責を同じ証拠によって判断することができる。Vの証言内容がV検面調書と異なり、かつ2号前段または後段の要件も認められない場合に、なお326条1項の相当性要件が認められるなら、Yに対してだけ、V検面調書を同意書面として採用することができる。ただし、被害者供述のように重要な証拠についてXとYに対してそれぞれ異なる証拠によって罪責の有無を認定することになると合一的な事実認定はできないかもしれない。また、XとYの主張の対立は鮮明である。そのような場面では、弁論を分離して審理を進めることを考えるべきである（刑訴法313条2項、刑訴規則210条）[3]。とくに裁判員事件では、同じ裁判員に被告人ごとに異なる証拠による事実認定を求めるのは、裁判員を混乱させるおそれがあるので、XとYの主張が大きく異なることが予想される場合には、初めから弁論を分離するのが適切である[4]。

2 | 共同被告人の公判供述

[1] 証人適格

　被告人は、公判で黙っていることもできるし、供述することもできる。被告人が任意に供述するときは、裁判官、検察官、弁護人は、裁判長に告げて、被告人に発問することができる。この発問は、共同被告人またはその弁護人からもできる（刑訴法311条）。被告人の公判での供述は、被告人にとって有利でも不利でも証拠能力がある（刑訴規則197条1項参照）。

---

3) 共同被告人の間で、供述代用書面への同意、不同意が分かれた場合の審理方法のいろいろな可能性について、吉崎佳弥「被告人の併合審理」松尾浩也＝岩瀬徹編『実例刑事訴訟法II』（青林書院、2012年）198-200頁参照。

4) 村瀬均「被告人複数の場合の公判手続」井上正仁＝酒巻匡編『刑事訴訟法の争点』（有斐閣、新・法律学の争点シリーズ、2013年）145頁。

刑訴法 143 条は、「何人でも」証人として尋問できると定める。しかし、被告人は、自らの被告事件の証人にはなれないというのが、現在までの日本での一般的な理解である。その結果、被告人は宣誓して証言をすることができない。その理由は、被告人を証人とすると、被告人が持っている沈黙権が失われること、被告人は宣誓しなくても供述ができることなどである。沿革的には、当事者に証人適格を認めない大陸法の伝統も影響している。

　そして、共同被告人も、弁論を併合した状態のままでは、証人にはできないというのが、日本での一般的な運用である。

【例題3】 X と Y は、共謀のうえ V1 を殺害したという殺人の共同正犯の訴因（公訴事実第 1）について起訴された。X については、公訴事実第 2 として、V2 に対する強盗の単独犯の訴因もある。この公訴事実第 2 について、Y が事情を知っているらしいとき、裁判所は Y を公訴事実第 2 だけに関する証人として尋問することができるか？

【答え】 弁論を併合したままでは、共同被告人を相被告人にとっての証人とすることはできないというのが、一般的な理解である[5]。その実質的な理由は、Y にとって、被告人としての権利と証人としての証言義務を同時にもってそれ使い分けることは難しいからである。

［2］ 共同被告人としての供述

　刑訴法 311 条 3 項は、共同被告人どうしの間での発問を許している。それは、共同被告人の法廷での供述は、相被告人にとっての証拠にもなることを含意している。そうすると X の法廷での供述は Y に対する証拠にもなる。判例[6]も、共同被告人の公判供述が証拠となることを認めている。

【例題4】 X と Y は、共謀のうえ、札幌で V から現金を強取したという強盗の共同正犯の訴因について起訴された。X と Y は、いずれも事件への関与を否認している。公判期日に、X は自らの弁護人からの質問に応じて、「私と Y は、この事件の日時には一緒に大阪の USJ にいたから、アリバイがある」と供述した。この供述は、Y にとっての証拠となるか？

【答え】 共同被告人たる X の公判期日での供述だから、Y にとっても証拠と

　5）　大阪高判昭 27・7・18 高刑集 5 巻 7 号 1170 頁（共同被告人証人尋問事件）。
　6）　最判昭 28・10・27 刑集 7 巻 10 号 1971 頁（共同被告人の公判供述事件）。

なる[7]。Ｘが検察官からの反対質問に対して黙秘しても、この証拠能力は失われない。

　しかし、共同被告人間の主張が対立していて、Ｘの供述がＹにとって不利な内容である場合には、Ｙの反対尋問権の保障が問題となる。

【例題5】例題4の事例で、Ｘは法廷での自らの弁護人の質問に応じて、「Ｖに対する強盗は、Ｙが1人でやったことで、自分は関与していない」と答えた。Ｙの弁護人は、この供述の証明力を争うために、Ｘに質問した。しかし、Ｘは「答えません」というだけで、実質的には全く答えなかった。Ｙの弁護人は、Ｙの証人審問権が保障されていないから、Ｘの供述はＹに対する証拠から排除するべきだと主張した。ＸはＹの弁護人からの質問に答える義務があるか？　また、裁判所は、Ｘの公判での供述をＹに対する証拠とすることができるか？

【答え】Ｘは自身が被告人であるから、Ｙの弁護人からの問いに答える義務はない。また、仮に嘘の供述をしたとしても、偽証罪にはならない。このＸの供述は公判期日における供述だから、刑訴法320条1項の文言に忠実な伝聞証拠の定義によれば、伝聞証拠ではない。しかし、Ｙにとっては、憲法37条2項の証人審問権が保障されていないという問題がある。ここでは、Ｘの被告人としての沈黙権とＹの反対尋問権とが対立するので、解決が難しい。上記の判例（注6）は、ＹからＸに質問することができるから、Ｘの供述をＹに対する証拠とすることは、憲法37条2項に反しないとした。判例の立場では、ＸがＹの弁護人からの反対質問に応じなかったことは、供述の信用性評価において考慮することになる。それに対して、Ｙの反対尋問権を重視し、かつこのような場合、類型的にＸの供述の証明力が低いといえるから、証拠能力の問題とすべきだという考え方がある。学説の多くは、ＸがＹ側の反対質問に答えなければ、Ｙに対する証拠として使うことはできないとする[8]。Ｘが自発的に供述していることとＹの反対尋問権の保

---

7)　ただし、裁判所は予めＸの供述をＹに対しても証拠とする前提で質問することを当事者に確認するべきである。

8)　宇藤崇ほか『刑事訴訟法〔第2版〕』（有斐閣、2018年）377頁、白取祐司『刑事訴訟法〔第10版〕』（日本評論社、2021年）372頁、酒巻匡『刑事訴訟法〔第2版〕』（有斐閣、2020年）582頁など。

障を考えるなら、この場合は、後にみるように、弁論を分離してXを証人として宣誓させ、供述義務を課した上で尋問するのが適切であろう。ただし、この設例の設定はやや特殊である。現実には、このような供述をするXは、共同被告人のままでもY側の反対質問に答えるのがふつうである。Xの立場で、自分の言い分を裁判所に信じて欲しければ、反対質問に応じて答えるのが合理的な選択だからである。それでも、共同被告人としての供述は嘘でも偽証の制裁がないので、このようにXが積極的にYに罪を着せる供述をする場合には、弁論を分離してYに対する証人として尋問する方が適切である。

3 | 弁論の分離と証人尋問

[1] 被告人でもある者を証人とすることの可否

　XをYに対する証人として尋問するためには、弁論を分離する必要がある。しかし、このような証人尋問のための弁論の分離を無条件に行ってよいかどうかは、問題がある。Xは元々被告人であるから、およそ供述義務がない。すなわち、沈黙する権利がある。そして、証人として尋問を受ける場合にも、不利益な事項については、自己負罪拒否特権がある（憲法38条1項・刑訴法146条）。しかし、証人には、原則的な証言義務が生じるから、自己負罪拒否特権を行使する場合は、その理由を示さなければならない（刑訴規則122条1項）。したがって、「自分に不利になるかもしれないから答えません」と言わなければならない。理論上は、自己負罪拒否特権の行使から証人自身の罪責について不利益な推認をしてはならない。そもそも、この証人尋問はXの被告事件について心証を形成するべき場面ではない。しかし、Xの立場では、証言を拒絶すれば裁判所の心証を悪くするのではないかという不安を持つのは自然である。しかも、日本の実務運用では、弁論を分離しても、同じ裁判体が審判を続けるのがふつうである。さらに、証言後に再び弁論が併合されることもある。このような弁論の分離を学説は「仮の分離」と呼ぶ[9]。このような仮の分離では、自分の被告事件を判断する同じ裁

9）　それに対して、弁論分離後、裁判体を別にし、再び併合もしないやり方を「真の分離」と呼ぶ。松尾浩也『刑事訴訟法上〔新版〕』（弘文堂、1999年）316頁。

判官の前で自己負罪拒否特権を行使するのはためらわれるのが自然であり、X は難しい立場を強いられる。

　共同被告人の弁論を分離して証人とすることによるもう 1 つの問題は、X にとって弁護人依頼権が制限されることである。被告人であれば、法廷で随時弁護人の援助や助言を求めることができる。しかし、日本の訴訟法には、証人の弁護人という役割がない[10]。そのため、共犯者とされる者が証言する場合でも、証言拒絶するべきかどうかについて、随時弁護人の助言を求めることはできない。被告人としての X の弁護人が、Y に対する公判期日の法廷に行っても、そこでの立場は傍聴人でしかないので、証言台の側には入れない。

　このように、共同被告人の弁論を分離して証人として尋問することは、被告人として持っている権利を制限することになる。被告人 X が黙秘しているような場合は、もっとも問題が大きい。

【例題 6】 X と Y は、共謀のうえ、V を襲って重傷を負わせたという傷害の共同正犯の訴因について起訴された。公判で、X は黙秘し、Y は否認している。弁論を分離して、X を Y に対する証人として尋問してもよいか？

【答え】 最決昭 35・9・9 刑集 14 巻 11 号 1477 頁（弁論分離後の証人尋問事件）は、共同被告人の弁論を分離して証人として尋問しても、自己負罪拒否特権は失われないから問題ないという立場をとっている[11]。それを機械的に当てはめれば、X が黙秘している場合でも、弁論を分離すれば証人として尋問できることになる。しかし、それでは X の被告人としての権利が損なわれる。そこで、有力な学説は、通常行われる「仮の分離」では、証人となった X には、なお被告人としての沈黙権があるとする[12]。しかし、そうであれば、そもそも証人として尋問すること自体が適切ではない。黙秘している被告人を自らの裁判官の前で、証人として尋問するのは、たとえ弁論を分離しても、実質的に刑訴法 311 条 1 項の沈黙権の保障に反する。このような場合、無理に証人尋問しても、証言を拒むことが予想できるので、実際上も意味がない。

　X が被告人として自発的に供述していて、その内容が Y の主張と合致す

---

10) ただし、議院証言法 1 条の 4 は、議院における証人が、証言中に弁護士である補佐人の助言を受けることを認めている。

11) 最決昭 31・12・13 刑集 10 巻 12 号 1629 頁も同旨。

12) 松尾浩也『刑事訴訟法下〔新版補正版〕』（弘文堂、1997 年）78 頁。

る場合には、Yの反対尋問権の保障は重要ではない。したがって、Xの被告人としての立場を尊重して、証人尋問は避けるべきである。それに対して、進んで供述するXの供述内容をYに対する不利な証拠としたい場合には、Xの沈黙権よりYの反対尋問権の保障が重要であるから、上に見たように弁論を分離して証人として尋問するのが適切である。

[2] 証言記録の証拠能力

弁論を分離してYに対する公判でXを証人として尋問した場合、たとえ裁判官が同じであっても、そこでのXの証言自体は、Xに対する証拠とならないのは当然である。それは、後に再び弁論を併合しても同じである。しかし、そこでの証言の記録を伝聞例外として採用する可能性はある。

【例題7】 XとYは、共謀のうえ、Vを殺害したという殺人の共同正犯の訴因について起訴された。公判前整理手続で、Xは訴因の事実を認める予定であるのに対して、Yは犯行への関与を否認する予定であることがわかった。裁判所は、XとYの弁論を分離した。Yに対する公判期日に、証人となったXは「Yと一緒にVを殺害した」と認め、犯行の詳細を証言した。しかし、後にXは自らの公判で、「自分はV殺害に関与していない」という否認に転じた。検察官が、「あなたは、Yの裁判で、『いっしょにVを殺害した』と証言したのではないか？」と問うのに対して、Xは黙秘した。検察官は、Yに対する被告事件の公判調書中、Xの証言を記載した証人尋問調書の証拠調べを請求した。裁判所は、これを証拠採用できるか？

【答え】 Xにとって、この証言記録は「被告人」の供述録取書であり、かつ不利益な事実の承認を内容とする。したがって、刑訴法322条1項前段に拠り伝聞例外となる。公判廷で、自己負罪拒否特権を放棄して供述したのだから、任意性に疑いはないので、裁判所はこれを証拠として採用できる。上記弁論分離後の証人尋問事件の判例も、これを認めている。

---

4 | 共同被告人の公判外供述

[1] 伝聞例外としての適用条文

共同被告人の公判外供述は、それを供述証拠として使うなら、当然ながら伝聞証拠となる。第4章で確認したとおり、それは「被告人以外の者」の供

述になるから、伝聞例外としての採用の根拠は、刑訴法 321 条 1 項である。

【例題 8】X と Y は共謀のうえ、V を恐喝して現金を交付させたという恐喝の訴因について起訴され、2 人とも事実を争っている。検察官は、X の検面調書の証拠調べを請求した。調書の内容は、「Y と一緒に V を脅して金を出させた」という趣旨の供述である。これに対して、X の弁護人も Y の弁護人も、「不同意」意見を述べた。この調書を伝聞例外として採用するために、根拠となり得る条文はどれか？

【答え】この調書を X に対する証拠として採用するためには、「被告人の」供述録取書だから、刑訴法 322 条 1 項が根拠となり得る。他方、Y に対する証拠として採用するためには、「被告人以外の者」の供述録取書だから、321 条 1 項 2 号が根拠となる可能性がある。最判昭 28・7・7 刑集 7 巻 7 号 1441 頁（共同被告人の検面調書事件）もこれを確認している。

　共同被告人の公判外供述が再伝聞証拠となる場合も、同じように各被告人ごとに証拠能力の有無を判断する。

【例題 9】X と Y は共謀のうえ、V を恐喝して現金を交付させたという恐喝の訴因について起訴され、2 人とも事実を争っている。検察官は、X の友人 F1 が F2 に宛てたメールを印字したものを証拠調べ請求した。その内容は、「X が、『Y と一緒に V を脅して金を巻き上げた』といっていた」という趣旨である。F1 は、その後、行方不明となっている。X も Y も証拠採用に同意しない場合、このメールを伝聞例外とするには、どの条文の要件を満たす必要があるか？

【答え】まず、F1 の供述書としての伝聞例外要件を充たすために、刑訴法 321 条 1 項 3 号の要件が必要である。その上で、X に対する伝聞例外とするためには、322 条 1 項の要件が必要である。さらに、これは X にとって自白に当たるから、319 条 1 項の任意性要件が必要である。他方、Y に対する伝聞例外として採用するためには、このメールに引用された X の発言に、321 条 1 項 3 号の要件が必要である。

[2] 共同被告人の 2 号書面

　第 4 章で確認したように、判例は共同被告人の公判廷での黙秘を供述不能の原因と認める。

【例題 10】X と Y は共謀のうえ、V 宅で現金などを窃取したという窃盗の

訴因について起訴された。公判で、Xは訴因事実を否認し、Yは黙秘している。検察官は、「Xと一緒にV宅で現金などを盗んだ」という趣旨のY検面調書の証拠調べを請求した。これに対して、Xの弁護人は「不同意」意見を述べた。裁判所は、この調書をXに対する証拠として採用できるか？

【答え】共同被告人の黙秘を供述不能の原因と認めるなら、この調書は刑訴法321条1項2号前段に拠り、Xに対する証拠として採用できる[13]。

判例[14]は、共同被告人の公判供述も、刑訴法321条1項2号後段の相反供述に当たる可能性を認めている。

【例題11】例題10の設例で、XもYも被告人質問に対して訴因事実を否認する供述をしたとする。この場合、共犯者供述を内容とするYの検面調書をXに対する証拠として採用できるか？

【答え】Yは公判で、自らの検面調書と相反する供述をしている。したがって、前の検面供述に相対的特信情況があれば、刑訴法321条1項2号後段に拠り、伝聞例外として採用することができる。

最決昭35・7・26刑集14巻10号1307頁（共同被告人の否認答弁事件）は、冒頭手続でのいわゆる罪状認否、すなわち刑訴法291条4項の被告事件についての陳述における共同被告人の否認も2号後段の相反供述になるとした。その根拠として、相被告人に対する質問は可能であることを挙げる。たしかに、罪状認否としての陳述も被告人自身に対する証拠となるというのが、日本での扱いである。しかし、2号後段による採用のためには、検面供述に対する事後的な反対尋問の機会が必要である（078頁）。

【例題12】XとYは共謀のうえ、警察官Kに対して暴行したという公務執行妨害の訴因について起訴された。罪状認否では、XもYも、「私は、警察官に暴行してはいない」と述べた。検察官は、Xと一緒に警察官Kに暴行したという内容の捜査段階でのYの検面調書の証拠調べを請求した。Xの弁護人とYの弁護人は、いずれもこれに対して「不同意」意見を述べた。裁判所は、この検面供述についてYに対する被告人質問をしないまま、刑訴法321条1項2号後段に拠って、この調書をXに対する証拠として採用

---

13) 札幌高判昭25・7・10高刑集3巻2号303頁。

14) 福岡高判昭26・9・17高刑集4巻10号1235頁。

することができるか？

【答え】上記昭和35年最判は、捜査段階で検察官に対して共犯者供述をした共同被告人が、罪状認否で起訴事実を否認したのに、その後被告人質問は行わないまま検面調書を2号後段書面として採用した事案のようである。しかし、法廷で供述者に対して、供述が変わった理由を問うことのないまま、相対的特信情況を認定するのは適切ではない。共同被告人の検面調書を2号後段書面として採用する場合にも、検面供述に対する事後的な反対質問の機会を設けるべきである[15]。

[3] 共犯者供述と自白法則の関係

共同被告人は、多くの場合、共犯者として訴追されている者である。共同被告人の公判外供述が、共犯としての犯罪を認める内容であるとき、いわゆる共犯者の自白となる。

刑訴法319条の意味での自白とは、起訴された犯罪事実を認める内容の被告人の供述である。共同被告人の共犯者供述は、被告人にとって自白ではないから、自白法則が直接に適用されることはない。しかし、供述者自身にとって自白としての証拠能力が否定される供述を第三者に対する有罪証拠として使ってもよいかという問題はある。この問題について、明文規定はない。基本的には、供述者自身に対して自白としては使えない理由が、第三者に対して証拠とする場合にも同じように当てはまるかどうかを考えるべきである。これは、自白法則の第三者効の問題と考えるのが分かりやすい[16]。

【例題13】XとYは、共謀のうえVを傷害したという傷害の共同正犯の訴因について起訴された。Xは、捜査段階でも公判でも否認している。Yは、捜査段階で司法警察員K警部補に対して、「Xと一緒にVを襲った」という内容の供述をして調書に署名した。しかし、その後は、捜査でも公判でも黙秘している。検察官がYの員面調書の証拠調べを請求したのに対して、Xの弁護人は「不同意」、Yの弁護人は「不同意。任意性を争う」という意

---

15) 大阪高判昭32・3・29刑集12巻3号438頁は、この立場をとっていた。

16) 詳しくは、後藤昭「自白法則の第三者効」『浅田和茂先生古稀祝賀論文集下巻』（成文堂、2016年）313頁以下参照。なお、刑訴法325条の任意性調査が証拠能力の要件とされていないことは、第4章で述べた。

見を述べた。審理の結果、Ｙの自白は、Ｋ警部補が「素直に事実を認めれば、他の余罪は検察官に送らないで済ます。そうすれば、判決は執行猶予で済むだろう。もし、事実を認めないなら、余罪をすべて立件して、拘禁刑15年はくらうようにしてやる」と告げた直後の供述であることがわかった。裁判所は、任意性に疑いがあるという理由で、Ｙに対する証拠としてはこの調書を採用しない決定をした。裁判所は、Ｙの員面調書をＸに対する証拠として採用してもよいか？

【答え】Ｘに対する証拠としてもＹの員面調書は採用するべきではない。この調書の内容は、Ｘにとって自白ではないから、自白法則の対象ではない。他方で、伝聞例外として採用するためには刑訴法321条1項3号の要件が必要である。Ｙが黙秘しているので、供述不能の要件はある。また、他に有力な証拠が少なければ、不可欠性要件もある。しかし、Ｙにとって自白としての証拠能力が否定されたのは、取調官の利益誘導のために、類型的に虚偽自白のおそれがあるからである。そのため、絶対的特信情況が欠けるので、伝聞例外として採用はできない。

【例題14】ＸとＹは、共謀のうえＶを傷害したという傷害の共同正犯の訴因について起訴された。Ｘは、捜査段階でも公判でも一貫して否認している。Ｙは、捜査段階でＰ検事に対して、「Ｘと一緒にＶを襲った」という内容の供述をして調書に署名した。しかし、公判では、Ｙも事件への関与を否認する供述をしている。検察官がＹの検面調書の証拠調べを請求したのに対して、Ｘの弁護人は「不同意」、Ｙの弁護人は「不同意。任意性を争う」という意見を述べた。審理の結果、Ｙの自白は、Ｋ警部補が「素直に事実を認めれば、他の余罪は検察官に送らないで済ます。そうすれば、判決は執行猶予だろう。しかし、事実を認めないなら、余罪をすべて立件して、拘禁刑15年はくらうようにしてやる」と告げた直後のＰ検事への自白であり、Ｐ検事はその事情を知らなかったことが分かった。裁判所は、Ｋ警部補による利益誘導の影響が遮断されていないという理由で、この調書をＹに対する証拠としては、採用しなかった。裁判所は、Ｘに対する証拠として、この調書を採用できるか？

【答え】Ｙ検面調書がＸに対する証拠として伝聞例外になるためには、刑訴法321条1項2号後段の要件を充たす必要がある。Ｙは公判で相反供述をしている。しかし、この検面供述はＹにとって虚偽自白のおそれがあるか

ら、相対的特信情況を認めることはできない。したがって、Xに対する証拠としても採用するべきではない。

　共犯者供述を内容とする検面調書が刑訴法321条1項2号前段を根拠に証拠請求される場合でも、**例題14**のように、検面供述に信用できない情況があるときは、採用するべきではない。そのような設例は、すでに第5章の**例題3**（074頁）、**例題4**（075頁）で考えた。

　共犯者供述が違法に得た供述であるために、供述者に対する証拠利用が禁止される場合に、第三者に対する証拠利用も禁じられるかどうかは、排除の申立適格を限定するべきかどうかという問題になる。

【例題15】XとYは、共謀のうえVを傷害したという傷害の共同正犯の訴因について起訴された。公判でXとYは、ともに訴因事実を否認する供述をしている。検察官は、「Xと一緒にVを襲った」という内容のYのP検事に対する供述調書の取調べを請求した。これに対して、Xの弁護人は「不同意」、Yの弁護人は「不同意。任意性および取調べの適法性を争う」という意見を述べた。審理の結果、Yの検面調書は、起訴後勾留中のYをP検事が、取調べを受ける義務がないことを告げないまま取調べた結果の供述であることが分かった。裁判所は、Y検面調書を証拠採用してよいか？

【答え】Yに対する証拠としても、Xに対する証拠としても採用するべきではない。起訴後勾留中の被告人を検察官が取調べることができるとしてもそれは、刑訴法197条1項本文の任意捜査としての取調べに止まる[17]。したがって、取調官は予め取調べを受ける義務がないことを明確に説明するべきである。それを欠く被告人の取調べは、Yに対する重大な権利侵害である。そのような取調べの結果である供述をXに対する証拠として利用することは、たとえ刑訴法321条1項2号の要件がある場合でも、手続の公正さを害し、将来における違法な取調べを誘発するおそれがあるから相当ではない。福岡高那覇支判昭53・11・24判時936号142頁（共犯者の起訴後取調べ調書事件）も、設例と似た事案[18]で、共犯者に対する証拠能力を否定した。

　次章では、伝聞法則の仕上げとして、刑訴法328条の意味を考える。

---

17)　最決昭36・11・21刑集15巻10号1764頁（被告人取調べ事件）。

18)　ただし、共犯者が共同被告人となっていた事案ではない。また、第1回公判期日後まで取調べをしたことも理由としている。

第13章

供述の証明力を争うための証拠

1 補助証拠としての公判外供述

[1] 条文の定め

　刑訴法 328 条は、次のように定める。

　「第 321 条乃至第 324 条の規定により証拠とすることができない書面又は供述であっても、公判準備又は公判期日における被告人、証人その他の者の供述の証明力を争うためには、これを証拠とすることができる。」

　この条文は、伝聞例外に当たらない公判外供述でも、公判供述の証明力に関する補助証拠として使うことは許されることを示している。

　一般に補助証拠とは、補助事実を証明するための証拠である。補助事実とは、主要事実の存否に関する証拠すなわち実質証拠の証明力を上げたり下げたりする事情である。ある実質証拠の証明力を減殺する補助証拠を弾劾証拠、弾劾された証拠の証明力を回復する補助証拠を回復証拠と呼ぶ。実質証拠が弾劾される前にその証明力を上げるものは、増強証拠と呼ぶ。供述証拠に関する補助事実としては、供述者の観察能力、観察条件、供述の形成過程、記憶の汚染の有無、供述者の誠実性、利害関係などがある。

【例題 1】刑訴法 328 条に拠って採用した証拠は、有罪判決の理由中の証拠の標目（335 条 1 項）に挙げるべきか？

【答え】補助証拠は、それ自体が「罪となるべき事実」を推認させる証拠ではないので、証拠の標目に挙げるべきではない。ただし、事実認定の理由を説明する中で補助証拠に言及することは差し支えない。

[2] 条文の趣旨の理解

　刑訴法 328 条の典型的な適用例が、公判で供述する者自身が以前にそれと矛盾する供述をしたことを示して弾劾するための証拠すなわち自己矛盾供述による弾劾であることは、疑いがない。しかし、それ以外のどんな場面で、本条が適用できるのかについては、理解が分かれていた。

　古い高裁判例には、公判供述の証明力を争うという名目であれば、伝聞証拠一般が許されるという理解を示すものもあった。しかし、それでは、実質的に伝聞証拠によって事実認定をする結果となり、伝聞証拠禁止原則が骨抜きになってしまう。そのため、高裁判例でも学説でも、本条の適用を自己矛盾供述による弾劾に限るとするものの方が多かった。

　学説の中には、328 条が補助事実については、伝聞証拠の利用を許す規定だという理解もあった。また、他の学説には、検察官側が提出する証拠としては自己矛盾供述による弾劾に限定されるものの、被告人側の提出証拠はそれに限られないという片面的な解釈論もあった。このように基本的な理解が分かれていたところへ、重要な最高裁判例が現れた。

2 | 平成 18 年判例

[1] 事案と判旨

　最判平 18・11・7 刑集 60 巻 9 号 561 頁（東住吉放火事件）の事案で、被告人は自宅に放火をしたとして起訴された。審理の過程で被告人が消火活動をしたかどうかが 1 つの問題点となった。検察側証人となった W は、上半身裸の被告人が消火器を借りに来たが、彼は消火活動をしていない旨の証言をした。それに対して、弁護人は火災後に調査をした消防官が作成した「聞き込み状況書」の証拠調べを求めた。そこには、W が「裸の男が消火器を使って消火活動をした」旨を語ったという記載がある。検察官が「不同意」の意見であったために、弁護人は刑訴法 328 条に拠る採用を求めたが、裁判所はそれを採用しなかった。控訴審もこの判断を是認した。最高裁は、この判断を是認して、328 条の適用範囲について無限定説に立つ高裁判例を変更すると宣言した。その理由として、以下のように説示した。

　「刑訴法 328 条は、公判準備又は公判期日における被告人、証人その他の者の供述が、別の機会にしたその者の供述と矛盾する場合に、矛盾する供述

をしたこと自体の立証を許すことにより、公判準備又は公判期日におけるその者の供述の信用性の減殺を図ることを許容する趣旨のものであり、別の機会に矛盾する供述をしたという事実の立証については、刑訴法が定める厳格な証明を要する趣旨であると解するのが相当である。

そうすると、刑訴法328条により許容される証拠は、信用性を争う供述をした者のそれと矛盾する内容の供述が、同人の供述書、供述を録取した書面（刑訴法が定める要件を満たすものに限る。）、同人の供述を聞いたとする者の公判期日の供述又はこれらと同視し得る証拠の中に現れている部分に限られるというべきである。

本件書証は、前記Wの供述を録取した書面であるが、同書面には同人の署名押印がないから上記の供述を録取した書面に当たらず、これと同視し得る事情もないから、刑訴法328条が許容する証拠には当たらないというべきであ（る）。」

[2] 判例の含意

この説示を文字通りに理解すると、要点は3点ある。第1に、刑訴法328条の適用対象は、公判供述の弾劾証拠としての自己矛盾供述に限る。第2に、補助事実としての自己矛盾供述の存在立証は、厳格な証明によらなければならない。第3に、厳格な証明が必要である以上、伝聞証拠禁止原則が妥当するから、原供述者の署名若しくは押印のない供述録取書は使えない。

判旨の第1点は、本条の適用範囲を狭く捉えて、無限定な古い高裁判例を否定した。被告人側の証拠請求についてこれを適用したところから、片面的構成論を採用していない。判旨の第1と第2は、本条が、伝聞証拠による補助事実の立証を許す規定だという理解を否定した。

この判旨の含意を理解するためには、自己矛盾供述による弾劾の推論構造を確認することが重要である。自己矛盾供述は、供述者が状況によって供述の趣旨を変えたことを示す。そのうち少なくとも一方は、必ず誤っている。それは、供述者が誠実でないか、あるいはもともと観察あるいは記憶が曖昧であることを示す。それによって、公判供述の信用性が減殺される。この公判外供述の利用方法は、その内容が真実であるという期待を前提としないから、非供述証拠であり、理論上、非伝聞である。判例の説示が「矛盾する供述をしたこと自体の立証」というのも、これを表している。そうすると、こ

の判例は、328条を伝聞例外ではなく、非伝聞の確認規定と理解していることになる。この条文は、公判外供述の存在自体が補助証拠となり得ることを注記するとともに、その場合の利用方法が補助証拠としての利用に限定されることを確認している。このような理解は、伝聞証拠禁止原則に忠実であり、条文の沿革にも合うので、現在はほぼ共有された理解となっている[1]。

　判旨第3点の原供述者の署名若しくは押印のない供述録取書は使えないという判断の理由は、ややわかりにくい。というのは、刑訴法321条1項柱書きが要求する署名・押印の要件は、供述録取書を実質証拠としての伝聞例外として採用するための要件であって、弾劾証拠として使う場合の要件ではないからである。この説示の意味は、次のように理解すると分かりやすい。まず、供述書は供述の存在を示す目的では供述証拠ではないから、非伝聞である。それに対して、供述録取書は原供述の存在を示す目的でも、録取者の供述代用書面になるので、伝聞証拠となる。しかし、刑訴法は、伝聞例外の要件の部分で、原供述者の署名・押印のある供述録取書を供述書と同格に扱っている。そこで、弾劾証拠として利用する場合も、それと同じ扱いをするのが一貫する。

[3] 判例の適用

　以下、いくつかの設例で平成18年判例の理解を確認する[2]。

【例題2】 Xは、YおよびZと共謀の上、営利の目的でみだりに覚醒剤を所持したという訴因について2024年1月に起訴された。Xは、覚醒剤所持への関与を否認している。検察側証人となったYは、2024年3月25日の公判期日に「私とZは、Xの指示に従って、覚醒剤を密売していた」という趣旨の証言をした。弁護人は、いずれも「Y証言の証明力を争う」という

---

1) 椎橋隆幸ほか『ポイントレクチャー刑事訴訟法』（有斐閣、2018年）407頁〔加藤克佳〕、宇藤崇ほか『刑事訴訟法〔第2版〕』（有斐閣、2018年）409-410頁〔堀江慎司〕、池田修・前田雅英『刑事訴訟法講義〔第7版〕』（東大出版会、2022年）462頁、上口裕『刑事訴訟法〔第5版〕』（成文堂、2021年）400頁、酒巻匡『刑事訴訟法〔第2版〕』（有斐閣、2020年）597頁など。

2) この判例の理解について、詳しくは笹倉宏紀「328条の意義」井上正仁・酒巻匡編『刑事訴訟法の争点』（有斐閣、2013年）176頁、後藤昭「供述の証明力を争うための証拠」『三井誠先生古稀祝賀論文集』（有斐閣、2012年）659頁参照。

立証趣旨で、①Y の署名押印がある 2023 年 12 月 21 日付け司法警察員に対する供述調書と、②Z の署名押印がある 2023 年 12 月 20 日付司法警察員に対する供述調書の証拠調べを求めた。これらの供述調書の内容は、いずれも「Y と Z の 2 人で覚醒剤の密売をしていたが、X は関係ない」という趣旨である。裁判所は、これらを採用するべきか？

【答え】①Y の供述調書は、証人 Y の自己矛盾供述の記録であり、Y の署名押印もあるから、刑訴法 328 条に拠り、Y 証言に対する弾劾証拠として採用するべきである。それに対して、②Z の供述調書は、証人 Y の自己矛盾供述ではない。そのため、これによって Y の証言の信用性を減殺しようとすれば、Z の供述内容が真実であるという期待が必要となる。それは伝聞証拠としての利用になるので、328 条に拠る採用はできない。この例題は、平成 29 年の司法試験出題を単純にした設例である。これに答えるときは、単に判例が自己矛盾供述に限っているから他人である Z の供述調書は採用できないという結論を答えるだけではなく、それを採用すると伝聞証拠になってしまうから、非伝聞の確認規定である 328 条の対象にはできないという、実質的な埋由を説明したい。

　次に、自己矛盾供述の立証方法について、判例の適用を確認する。平成 18 年判例が、自己矛盾供述の立証に使える証拠として挙げるのは、公判供述者と同一人の供述書、供述を録取した書面で同人の署名・押印があるもの、同人の供述を聞いたとする者の公判期日の供述、またはこれらと同視し得る証拠である。「同視し得る証拠」には、供述の録音記録が含まれる。同人の供述を聞いたという者の検面調書を刑訴法 321 条 1 項 2 号前段の伝聞例外に拠って自己矛盾供述の証拠とすることもあり得る。公判での供述者自身が、以前の自己矛盾供述を認める供述をした場合も、それは 328 条の証拠となる。公判での供述者が以前の自身の供述調書に自己矛盾供述があることを認めれば、供述調書自体を証拠採用する必要はなくなる[3]。その場面で 328 条は、そのような以前の供述内容についての尋問を許す根拠として働く。

【例題 3】例題 2 の事案で、弁護人は、同じく「Y 証言の証明力を争う」という立証趣旨で、司法警察員 K 警部が作成した 2023 年 12 月 15 日付け捜査報告書で、「Y は Z と一緒に覚醒剤の密売をしていたことを認めているが、

---

3)　伊丹俊彦ほか編『逐条実務刑事訴訟法』（立花書房、2018 年）920 頁〔髙橋康明〕。

Xはそれには関係していないと供述している」という趣旨のものの証拠調べを請求した。裁判所は、これを採用するべきか？

【答え】この報告書は、証人Yの自己矛盾供述を報告している。しかし、捜査報告書は供述調書と異なり、原供述者の署名・押印はない。そのため、平成18年判例の下では、328条の証拠として採用できない。その実質的な理由は、Yの供述の存在を示す目的でも、伝聞証拠となるからである。これも、平成29年司法試験出題を単純化した設例である。

【例題4】Xは、2023年11月にVを殴って傷を負わせたという傷害の訴因について起訴された。Xは、法廷では否認の供述をしている。検察側証人W1は公判期日に「XがVを殴るのを見た」と証言した。その後、弁護側証人W2は公判期日に「2023年12月にW1と会ったとき、W1は『Vを襲った犯人はYだった』と話していた」と証言した。検察官は、これに対して伝聞供述の異議を申し立てた。弁護人は、どう反論するべきか？

【答え】弁護人は、W2が語るW1の発言は、W1の自己矛盾供述であり、W1証言の証明力を減殺させる証拠だから、刑訴法328条によって許されると、反論するべきである。念のために言えば、この場合、W1の公判外供述の信用性は前提にならないので、この証言は非伝聞である。

【例題5】例題4の事案で、検察側証人W3は、公判期日に次のような証言をした。「2023年12月にW4と会ったとき、W4は『Xが、Vを痛めつけてやったと言っていた』と私に語った」。弁護人が、伝聞供述を理由とする異議を申し立てたのに対して、検察官は「W4の発言は、被告人Xの法廷での否認供述に対する弾劾証拠だから、刑訴法328条に拠って許される証拠である」と反論した。裁判所は、どう判断するべきか？

【答え】裁判所は、この証言を証拠から排除するべきである。もしXがW4に対して本当にそのような発言をしたなら、確かにXの自己矛盾供述になる。しかし、法廷で証言するW3は、そのXの発言を直接聞いたのではなく、W4から伝え聞いた立場である。そのため、Xの発言の存在を立証する目的でW4の公判外供述という伝聞証拠を使うことになってしまう。それは厳格な証明にならないので、許されない。ここでは、Xの発言が伝聞証拠にならないから、その存在を立証するためのW4の供述も伝聞証拠でなくなる、という誤解に陥ってはいけない。

【例題6】Xは、Vを殴って傷を負わせたという傷害の訴因について起訴さ

れ、犯人ではないと主張している。検察官は、「現場の状況」という立証趣旨で、司法警察員K警部補作成の実況見分調書の証拠調べを求めた。弁護人が「不同意」意見だったので、Kの証人尋問を行った。Kは、自分が目撃者Wの立会を求めて現場を見分し、正確に作った書面であると証言したので、裁判所はこれを採用した。その後、Wは検察側証人となり、公判期日に「黒いジャンパーを着た男が、Vを殴るのを見た。その男は、Xだ」という趣旨の証言をした。弁護人は最終弁論の中で、実況見分調書の記載に拠れば、Wは「赤いジャンパーを着た男が、図面①の場所で、Vに襲いかかった」と指示説明していることを理由に、Wの証言は信頼できないと述べた。検察官は、これに対して、証拠に基づかない弁論であるという異議を申し立てた。実況見分調書に実際にこのような記載があれば、この弁護人の弁論は、許されるか？ もし、許されないとすれば、弁護人はどうするべきだったか？

【答え】これは、難問である。答えは、刑訴法321条3項の伝聞例外によって、立会人の指示説明という自己矛盾供述の存在を立証できるか否かに係る。第7章で確認したとおり、判例は3項の伝聞例外要件によって、実況見分調書中の立会人指示説明記載も、調書の一部として証拠となることを認めている[4]。そうすると、この指示説明の記載によって、Wの指示説明の存在も立証できそうにも見える。しかし、他方で、再現実況見分調書に関する判例は、作成者の真正作成証言があっても、立会人の指示説明記載を供述証拠として用いるためには、原供述の署名・押印が必要であることを明示している[5]。これは、判例が、真正作成証言は、指示説明者の署名・押印の代わりにはならないと考えていることを表している。そう考えるべき理由は、検証や実況見分は、もともと対象を観察して情報を取得する活動であって、供述を記録するための手段ではないからであろう。もっと分かりやすくいえば、もし真正作成証言が原供述者の署名・押印の代わりになることを認めたら、実況見分と取調べの区別ができなくなる。そうすると、3項の伝聞例外によって、言葉での指示説明の存在を厳格な立証として証明することはできない[6]ので、検察官の異議には理由がある[7]。弁護人がこの弁論をするためには、K警部

---

4) 最判昭36・5・26刑集15巻5号893頁（指示説明記載事件）。
5) 最決平17・9・27刑集59巻7号753頁（痴漢再現報告書事件）。

補の証人尋問の際に、実況見分調書記載のとおりの W の指示説明があった
という証言を得ておくべきであった。

[4] 公判供述後の自己矛盾供述

弾劾証拠としての自己矛盾供述は、典型的には公判供述前の供述である。
公判供述後の自己矛盾供述による弾劾を許すと、公判供述を聞いた当事者が、
供述を変えるように法廷外で働きかけるおそれがあるので、公判中心主義に
適合しない。また、証人が公判供述を終えた後で自己矛盾供述の提出を許す
と、相手方が矛盾供述の理由について証人に尋問する機会が保障できないと
いう問題がある。

しかし判例は、公判証言後に作られた供述調書を弾劾証拠として採用する
ことを「必ずしも刑訴法 328 条に違反するものではない」[8] としている。平
成 18 年判例も、これを変更してはいない。

3 | 自己矛盾供述以外の利用可能性

[1] 回復証拠としての自己一致供述

上で確認したとおり、平成 18 年判例は刑訴法 328 条を非伝聞の確認規定
と理解している。そして、判例の説示は、同条の適用対象を自己矛盾供述に
よる弾劾に限るように見える。しかし、公判供述者の他の機会での供述が、
その存在自体で公判供述の証明力に関する補助証拠となる状況がもしほかに
もあるなら、それは非伝聞証拠だから、禁止する理由がない。それも刑訴法
328 条の適用例として認めるのが一貫する。

そのような補助証拠のわかりやすい例は、公判供述が利害関係によって弾
劾された場合に、利害関係が生じる前の自己一致供述によって証明力を回復
する使い方である。

---

6) ただし、動作による供述の撮影記録（いわゆる供述写真など）は、真正作成証言によっ
て、動作の存在の証拠となる。

7) 実況見分調書を弁護人の同意によって採用した場合も、検察官の立証趣旨は「現場の状
況」なので、指示説明中の自己矛盾供述の存在の証拠としては使えないであろう。

8) 最判昭 43・10・25 刑集 22 巻 11 号 961 頁（八海事件第 3 次上告審）。

【例題7】Xは、2023年10月25日にVの住宅にガソリンを撒いたうえで放火して焼損したという現住建造物放火の訴因について起訴され、否認している。検察側証人Wは、2024年6月23日の公判期日に、主尋問に答えて次のような供述をした。「V宅で火事があった日、出火時刻の20分くらい前に、Xがガソリン用の携行缶を手に提げて、V宅の様子を窺っているのを見た」。弁護人の反対尋問に対してWは、証言前の4月21日に、Vから高級レストランで接待を受けて、「Xは本当に悪いやつだから、しっかり証言して下さい」と頼まれたうえで、現金20万円を渡されたことを認めた。検察官は、「Wの証言の証明力を回復するため」という立証趣旨で、2023年11月13日付けWの署名押印のある検面調書の証拠調べを求めた。その供述内容は、Wの公判証言と同じ趣旨である。裁判所は、これを採用するべきか？

【答え】これは、Wの自己矛盾供述ではない。しかし、この調書の存在は、Wが証言前にVに買収されたためにXに不利な証言をしたという因果関係の疑いに対する反証となる。その目的では、W検面調書は供述証拠ではないから非伝聞である。したがって、刑訴法328条に拠って採用が可能である[9]。

　そうすると、平成18年判例の説示を文字通りに受け取ると、限定し過ぎになる。判例の真意は、事案に即して自己矛盾供述に拠る弾劾を同条適用の典型例として挙げたに止まると理解しなければならない。

　これと区別すべき問題として、自己矛盾供述による弾劾に対して、自己一致供述を回復証拠として使えるか、という問題がある。

【例題8】Xは、2023年10月にVに模造けん銃を突きつけて抵抗できないようにしたうえで、現金を奪ったという強盗の訴因について起訴され、否認している。検察側証人Wは、2024年3月26日の公判期日に、次のような供述をした。「私は、XがVにけん銃のような物を見せて、何かを受け取るところを、40メートルくらい離れたところから見た」。弁護人は、「W証言の証明力を争うため」という立証趣旨で、Wが2024年2月10日にY宛て

---

9) 刑訴法328条の適用対象を自己矛盾供述による弾劾に限る説として引用される平野説も、このような回復証拠の可能性を認めていた。平野龍一『刑事訴訟法』（有斐閣、1958年）252-254頁、特に253頁注5。

に送信した電子メールで、「私は V が強盗に遭うのを見たけれど、犯人の人相などは見えなかったので分からない」という趣旨のものの証拠調べを求めた。裁判所はこれを採用した。それに対して検察官は、「W 証言の証明力を回復するため」という立証趣旨で、同人の署名押印のある 2023 年 11 月 14 日付け員面調書の証拠調べを請求した。その調書の内容は、V に対する強盗犯人は、確かに X だったという趣旨である。裁判所は、これを採用するべきか?

【答え】 これは、論者によって意見が分かれる問題である。自己矛盾供述による弾劾に対する反対方向での弾劾だから、刑訴法 328 条に拠って採用できると説明する文献もある。しかし、弾劾証拠としての自己矛盾供述はもともと信用性が期待される供述証拠ではない。それを弾劾することに意味があると考えるのは錯覚である。このような自己一致供述に回復の効果を認めるためには、一度語ったことより二度語ったことは信用できるという経験則を想定しなければならない。おそらく、そのような経験則はないであろう。むしろ、この自己一致供述は、W がしばしば話を変える人だという推論によって、W の信頼性をさらに低める結果になるかもしれない[10]。平成 29 年の司法試験出題は、供述の時系列的順序以外はこれと似た問い、すなわち自己矛盾供述による弾劾に対する自己一致供述による回復の可能性という問いも含んでいた（それについては、後の**例題 14** で改めて考える）。ここは直接の判例がなく、学説も分かれているので、答案としては可否いずれの立場もありうる。しかし、いずれの立場を採るにしても、その理由となる経験則の理解を説明するべきである[11]。

　ただし、自己矛盾供述に対する弾劾に対して、その矛盾供述は特殊な原因によって生じたのであり、その原因が影響しない場面では供述は一貫していることを示せるのであれば、たしかに自己一致供述に回復証拠としての意味がある。

【例題 9】 再び**例題 8** の事案を考える。W の自己矛盾供述となる Y 宛てメールの証拠提出の後、検察官は W の員面調書と合わせて、W の再度の証人尋

---

10)　古江頼隆『事例演習刑事訴訟法〔第 3 版〕』（有斐閣、2021 年）465 頁、笹倉・前掲注 2）177 頁も消極説。積極説として、椎橋隆幸ほか・前掲注 1）408 頁〔加藤克佳〕。

11)　公表された「採点実感」もそのような期待を示す。

問を求めた。裁判所は、再尋問請求を採用した。再び証人となった W は、次のように証言した。「私は、警察官に対しても、強盗犯人は X だったと話していました。しかし、2024 年 2 月 8 日ころ、X の父親で暴力団員である F から呼び出しを受けて、『X に罪を着せるような証言をしたら、地獄に落ちるぞ。本当に見た通りのことを Y 宛てにメールで書け』と要求されました。それでとても怖くなって、そのメールを出しました」。検察官は、W 員面調書の証拠採用を再度求めた。裁判所はこれを採用するべきか？

【答え】この設例では、自己矛盾供述が生じた特殊な事情について証拠がある。そのため、その事情が生じる前には、公判証言と同じ供述をしていたことを示す員面調書は、非伝聞の回復証拠として、刑訴法 328 条の証拠になるので、採用するべきである。

　次の例題は、東京高判昭 54・2・7 判時 940 号 138 頁（強姦被害者供述変遷事件）の事案を分かりやすく変えた設例である。これは、**例題 9** とよく似ながら、しかし異なる問題点を含んでいる。

【例題 10】X は、V に対する不同意性交の訴因について起訴され、合意による性交渉であったと主張している。2023 年 1 月 10 日の公判期日に検察側証人となった V は、「私は、X に無理矢理レイプされた」と証言した。同年 2 月 20 日の公判期日に弁護人は V の署名のある弁護人宛陳述書の証拠調べを求めた。その内容は、「法廷では、性に厳格な両親の手前、X にレイプされたと証言したけれど、自分の意思で応じたというのが本当だ」という趣旨である。検察官が「不同意」意見を述べたので、弁護人は、V の証言に対する弾劾証拠としての採用を求め、裁判所はこれを採用した。次の 3 月 16 日の公判期日に検察官は、V の署名押印のある検察官に対する 2023 年 3 月 1 日付け供述調書の証拠採用を求めた。その内容は、次のような趣旨である。「裁判で証言した後、X の弁護人である L 弁護士から呼び出されて、『あの証言は、嘘だろう。レイプされたと言い張るなら、あなたがほかにも多くの男性と付き合っていることを裁判で証明することになる。あの証言が嘘だったという陳述書に署名してくれれば、その必要はなくなる』と言われた。それで仕方なく L 弁護士が用意した陳述書に署名した。しかし検事さんから、L 弁護士が脅したような立証を裁判所は許さないだろうと説明されて安心した。レイプされたというのが真実だ」。弁護人はこれに対して「不同意」の意見を述べたので、検察官は V の公判証言の証明力を回復するための証拠

として採用を求めた。裁判所は、これを採用するべきか？

【答え】東京高裁の判例は、これと似た事案で、員面調書の回復証拠としての採用を是認した。たしかに、この例題の検面調書は、弾劾証拠としての自己矛盾供述に特殊な原因があることとその原因が影響しない場面では供述が一貫していることを示す証拠のように見える。しかし、**例題9**の設例では、自己矛盾供述が生じた理由が法廷での証言によって示されているのに対して、**例題10**の設例では、それ自体が供述調書によって示されるという違いがある。そのため、この供述調書を回復証拠とすると、伝聞証拠として使われることになる。したがって、平成18年判例の下では、刑訴法328条に拠っては採用できない。それでもなお、これが回復証拠として採用できるとすれば、それは自己矛盾供述が生じた理由は、自由な証明で立証できるという前提が必要となる。つまり、自己矛盾供述の存在以外の補助事実は、328条とは別に、もともと自由な証明が可能だと考えるかどうかによって、この例題の結論は変わる。その問題については、下の**5**で考える。

[2] 増強証拠としての自己一致供述

通説は、刑訴法328条に拠っては、増強証拠は許されないという。たしかに公判外供述を公判供述の増強に使おうとすると、ふつうは公判外供述の信用性を前提にすることになるので、伝聞証拠になってしまう。しかし、公判供述と一致する同一供述者の以前の供述の存在が、それ自体で公判供述の信用性を高める事例があり得るとすれば、それも非伝聞だから、禁止する理由はない[12]。

【例題11】公務員であるXは、職務に関してYから賄賂を受け取ったという収賄の訴因について起訴され、否認している。検察官は、他の証拠調べの後に、捜査段階でのXの検察官に対する自白調書の証拠調べを請求した。弁護人は、それに対して、「不同意。任意性を争う」という意見を述べた。そして、任意性がない理由として、次のような事情を主張した。「2024年1月8日に逮捕され、勾留された後も、被告人は取調べに対して容疑を否認していた。しかし、勾留延長後の1月24日に、取調べに当たっていたK警部から『あなたの奥さんにも、共犯の疑いがある。あなたがいつまでも嘘の否

---

12) そのような事例について、後藤・前掲注2) 674頁参照。

認を続けるなら、奥さんも逮捕して取り調べることになる』と言われた。被告人は、妻の逮捕は何としても避けなければならないと思い、追い詰められて、自白調書に署名した。検察官に対する自白も、この脅迫の影響による不任意自白だから、刑訴法 319 条 1 項に拠り、排除すべきである。」そして、弁護人は「取調べの状況」という立証趣旨で、X が勾留中に書いていた被疑者ノートの証拠調べを請求した。このノートの 1 月 24 日の頁には、「K 警部から、妻を共犯で逮捕すると言われた。病弱な彼女は、逮捕・勾留には耐えられない。それは何としても避けなければならない」という記載がある。検察官は、この請求に対して「不同意」と述べた。弁護人は、①自白の不任意性は自由な証明で足りる、②仮に伝聞証拠禁止原則が妥当するとしても本件被疑者ノートは刑訴法 322 条 1 項の特信文書として伝聞例外に当たると主張した。裁判所は、これらの弁護人の主張を退けながら、「X の被疑者ノートは物として採用する」と決定した。この決定には法的な根拠があるか？

【答え】 第 2 章（022 頁）で説明したとおり、「物として採用する」というのは、非供述証拠として採用するという意味である。そこで、この被疑者ノートには、非供述証拠としての意味があるかという問題になる。X は法廷で、自白に至る取調べの経過を語るはずである。取調べとほぼ同時的に書いた被疑者ノートにそれと同じ趣旨があることは、その訴えが時間をかけて考えた作り話ではないことを示す。それは、増強証拠ではあるけれども[13]、なお非伝聞としての利用である。したがって、刑訴法 328 条が根拠条文となる。それ以外には、これを「物として」採用する根拠は説明できないであろう。

　この設例に現れるように、実務では、実は理論上 328 条の証拠に当たるものをそのように意識せずに、ほかの説明によって採用している例がある。

[3] 弾劾証拠としての供述の欠落

　法廷で体験を証言した証人が、以前に同じ体験について供述した際に、法廷での証言が正しければ当然語るはずであった事実を語っていないという事情は、証言の信用性を低める。

【例題 12】 X は、2024 年 1 月 7 日に居酒屋で V を殴って傷を負わせたとい

---

13)　被告人の弁解は、後から考えた作り話ではないかという疑いの目で見られがちである。
　　設例の被疑者ノートは、このような潜在的な弾劾に対する回復証拠とみることもできる。

う傷害の訴因について起訴された。Xの弁護人は、Vからの暴行に対する正当防衛だったと主張している。Vは公判で次のように証言した。「居酒屋で隣どうしになったXが、私に『お前らのようなガキが日本をダメにしたんだ』と絡んできた。私はまともに取り合わないで『済みません、先輩』と言いながらXに酒を勧めました。そうしたら、いきなりXが『生意気だ』と言って、殴りかかってきました。」弁護人は反対尋問で、Vは警察官に事情を聴かれたときにも事件の経過をすべて話して、調書を読んだ上で署名したことを確認した。その上で、弁護人は、Vの2024年1月8日付け司法警察員に対する供述調書の写しを示して、そこには、Xが殴ってくるまでのXの言動は何も書かれていないことを確認するように求めた。検察官はこれに対して、記憶喚起のために供述録取書を示すのは刑訴規則199条の11第1項に反する尋問方法であると、異議を述べた。この異議には、理由があるか?

【答え】この場面で、弁護人は事件に関するVの記憶を喚起しようとしているのではないから、調書の提示は規則199条の11第1項には反しない。提示の根拠は規則199条の10である。異議には理由がない。この部分の供述が員面調書になく、法廷での証言になって初めて現れたとすれば、その信頼性に疑いが生じるので、供述の変遷を確認する弁護人の尋問は、刑訴法328条に拠って許される。

　このような重要部分を欠落した以前の供述は、自己矛盾供述だから弾劾証拠になるという説明もある。しかし、328条の適用対象を無理に自己矛盾供述に限定する必要はない。このような供述経過の不自然さは、その部分が欠ける供述調書の存在のみで立証できる補助事実なので、弾劾証拠として採用できる。

4 ｜証明力を争う対象

　刑訴法328条の証拠によって証明力を争う供述の供述者は、多くの場合、証人、被告人または共同被告人である。鑑定人の場合もありうる。

　条文の文言は、公判期日または公判準備での供述を対象としている。しかし、伝聞例外として採用される供述代用書面、または伝聞供述も、本条に拠って証明力を争う対象になるという理解が一般的である[14]。

ただし、証明力を争う対象となる供述は、争点となる要証事実の存否について証明力を持つものでなければならない。この条件は見落とされることが多い。争点である立証命題に対して中立的な供述を弾劾することに意味があると思うのは、錯覚である。

【例題13】Xは、Vに対する傷害の訴因について起訴され、否認している。検察側証人となったWは、公判期日に「Vが襲われるのを見た。しかし、犯人の人相は見えなかったので、Xかどうかは分からない」と証言した。検察官は、「Vを襲った犯人は確かにXだった」という趣旨のWの検面調書を刑訴法321条1項2号後段に拠って証拠請求した。裁判所が、それを認めなかったので、検察官は、弾劾証拠としての採用を求めた。裁判所は、これを採用するべきか？

【答え】採用するべきではない。Wの公判証言は、犯人がXだったかどうか分からないと述べているので、Xの犯人性について中立的である。それを検面供述で弾劾しても、Xが犯人だったという推論に役立つことはないので、意味がない。そればかりか、事実上、伝聞証拠による推認をもたらす危険がある。

平成18年判例の事案で、もしWの公判証言が「被告人が消火活動をしたかどうかは分からない」という中立的な供述であったら、それは、そもそも弾劾対象とするのに適さない。

5 │ 補助事実の立証方法

上の**例題10**の結論は、自己矛盾供述が生じた原因という補助事実を自由な証明によって立証できるかどうかにかかっていた。最後に、この問題を考える。

多くの学説は、最終的な立証命題が厳格な証明の対象である場合は、そのための補助事実も厳格な証明が必要であるとしている[15]。そして、平成18

---

14) 東京高判昭36・7・18判時293号28頁。

15) 伊丹俊彦ほか編・前掲注3）838頁〔辛島明〕、白取祐司『刑事訴訟法〔第10版〕』（日本評論社、2021年）346頁、松尾浩也監修『条解刑事訴訟法〔第5版〕』（弘文堂、2022年）884頁、上口・前掲注1）348頁など。

年判例は、自己矛盾供述という補助事実が厳格な証明の対象であることを明言した。しかし、なお自己矛盾供述（より厳密には、公判供述者の同じ主題に関する公判外供述）以外の補助事実を純粋補助事実と呼び、これについては自由な証明で足りるという理解が、裁判官の間では有力である[16]。その理由は、補助事実は多様だから自由な証明を許さないと不便であるとも言われる。しかし、そのような補助事実が、証拠評価のために自己矛盾供述よりも大きな影響力をもつことがある。補助事実の中で自己矛盾供述だけを特別視して厳格な証明を要求するという区別には、根拠がない。この区別論は、自己矛盾供述が要証事実に関する供述であることに拘っているのかもしれない。しかし、328条の証拠は、供述証拠として使うのではないから、それは特別扱いの理由にはならない。

　純粋補助事実自由な証明説の根拠としてもっとも重要なのは、証拠能力判断の方法との整合性である。証拠能力に関する事実は手続法上の事実だから自由な証明で足りるというのが、伝統的な理解であった。その理解に従うと、たとえば、刑訴法321条1項2号後段の相対的特信情況の有無も自由な証明で判断できる。しかし、裁判所がこの要件の充足を認めると、その判断の基礎になった事実は、その段階では証明力判断のための補助事実となる。もし補助事実一般が厳格な証明を要するとすると、この段階で矛盾が起きてしまう。しかし、第4章と第5章でも説明したとおり、この矛盾は、証拠能力の要件であっても、供述の証明力に関わる事実は、初めから厳格な証明に拠ることによって解消するべきである。自白の任意性立証についても、同じことが当てはまる。

　けっきょく、自己矛盾供述の存在について厳格な証明を要求する判例の下では、補助事実一般についても厳格な証明を要求しなければ一貫しない[17]。したがって、自己矛盾供述以外の補助事実も、伝聞証拠で認定することはできない。

　この理解を前提として、もう一度、平成29年司法試験出題の設例を簡潔

16)　河上和雄ほか編『大コンメンタール刑事訴訟法〔第2版〕第7巻』（青林書院、2012年）351-355頁〔安廣文夫〕。

17)　笹倉・前掲注2）178-179頁、成瀬剛・判例評釈・ジュリスト1380号（2009年）140頁も同旨。

にした例題を考える。

【例題 14】 X は、Y および Z と共謀の上、営利の目的でみだりに覚醒剤を所持したという訴因について 2024 年 1 月に起訴された。X は、覚醒剤所持への関与を否認している。検察側証人となった Y は、2024 年 3 月 25 日の公判期日に「私と Z は、X の指示に従って、覚醒剤を密売していた」という趣旨の証言をした。弁護人は、「Y 証言の証明力を争う」という立証趣旨で、Y の署名押印のある 2023 年 12 月 21 日付け司法警察員に対する供述調書の証拠調べを求めた。その内容は、「Y と Z の 2 人で覚醒剤の密売をしていたが、X は関係ない」という趣旨である。裁判所は、これを刑訴法 328 条の証拠として採用した。そこで検察官は、「Y の証言の証明力を回復するため」という立証趣旨で、Y の 2023 年 12 月 27 日付け検面調書の証拠調べを求めた。この調書の要旨は①「私と Z は、X の指示に従って、覚せい剤の密売をしていた」、②「これまで X の関与を隠していたのは、X からの報復が怖かったからである。今は、X との縁を絶つために、本当のことを言う気になった」の 2 点である。裁判所は、これを採用するべきか？

【答え】 この Y 検面調書の要旨①だけに着目すると、**例題 8** とほぼ同じ問題となる。つまり、自己矛盾供述による弾劾に対して自己一致供述による回復が可能かという問題である。しかし、その点についてどちらの結論を採るとしても、要旨②の部分、つまり供述変遷の理由を述べる部分を回復証拠として使えるかどうかという問題がある。この検面供述から、Y の公判証言の方が自己矛盾供述よりも信用できるという推論をするとすれば、それは伝聞証拠としての利用になるから、刑訴法 328 条に拠っては説明ができない。その可否は、刑訴法 328 条とは別に、自己矛盾供述以外の補助事実を自由な証明によって認定してよいかどうかの判断にかかる。司法試験の「出題趣意」は、②部分の扱いに言及していない。出題者は、それは司法試験の出題としては難し過ぎると考えたのかもしれない。しかし、このような設例の解決を問われた者は、この問題点を避けて通ることができない。上に述べたように、平成 18 年判例の下で、自己矛盾供述に限らず補助事実一般が厳格な証明を要すると考えるのであれば、少なくとも要旨②の部分を回復証拠として採用することはできない。

6 │ 第 13 章のまとめ

　刑訴法 328 条は伝聞例外を設ける規定ではなく、非伝聞の確認規定である。法廷で供述した者が他の機会に同じ事項についてした供述の存在自体が公判供述の証明力を上下させる補助証拠となる場合は、同条の対象となる。そのような公判外供述の存在を含めて、供述の信用性に関する補助事実は厳格な証明を要する。

　以上の 328 条に関する検討は、かなり難しい部分もあったかもしれない。しかし、本条の意味を厳密に考えることは、伝聞法則をいわば裏側から再確認する機会となる。

◆司法試験出題と例題の対応関係

注：司法試験出題を基にした例題は、元題を分割する、簡略化するなどの変更を加えている。本書の既存の例題と似た司法試験出題があった場合は、その対応関係を示す。

平成18（2006）年
　……第3章【例題17】
平成20（2008）年
　……第1章【例題9】、第4章【例題9】、第10章【例題13】
平成21（2009）年
　……第7章【例題11】
平成22（2010）年
　……第6章【例題3】、第10章【例題15】
平成23（2011）年
　……第10章【例題14】
平成25（2013）年
　……第7章【例題4】
平成27（2015）年
　……第1章【例題11】、第3章【例題3】
平成28（2016）年
　……第1章【例題12】
平成29（2017）年
　……第13章【例題2】【例題3】【例題8】【例題14】
平成30（2018）年
　……第4章【例題4】、第9章【例題2】、第10章【例題4】
令和3（2021）年
　……第1章【例題11】、第3章【例題12】
令和5（2023）年
　……第7章【例題8】、【例題10】

地方裁判所裁判例

◆事項索引

《著者紹介》

後藤　昭 　一橋大学・青山学院大学名誉教授

伝聞法則に強くなる　第2版

2019 年 7 月 20 日　第 1 版第 1 刷発行
2023 年 12 月 25 日　第 2 版第 1 刷発行

著　者——後藤　昭
発行所——株式会社　日本評論社
　　　　　〒 170-8474 東京都豊島区南大塚 3-12-4
　　　　　　　　　電話 03-3987-8621（販売：FAX—8590）
　　　　　　　　　03-3987-8592（編集）
　　　　　　　　　https://www.nippyo.co.jp/　振替　00100-3-16
印刷所——精興社
製本所——難波製本
装　丁——図工ファイブ